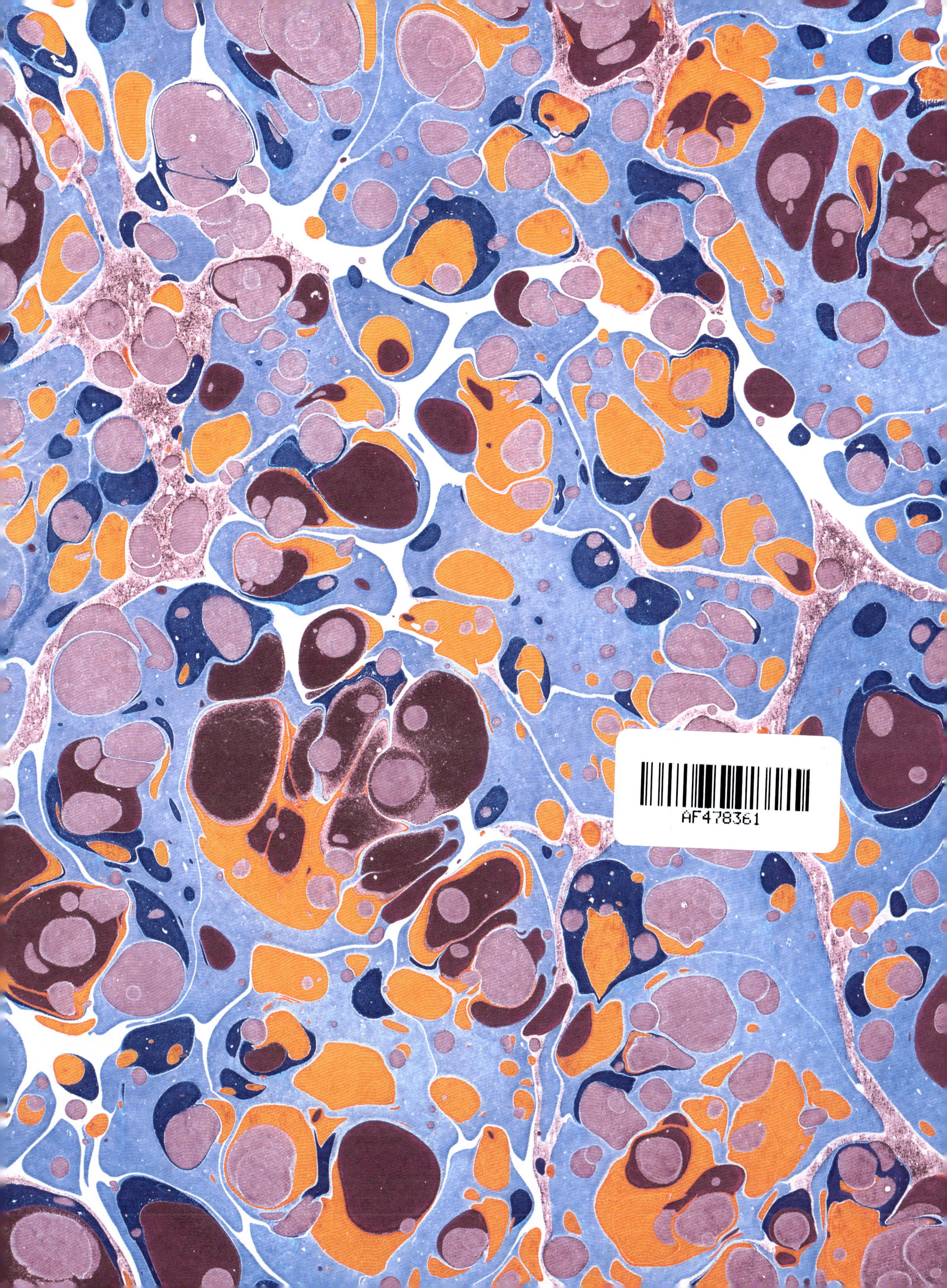
AF478361

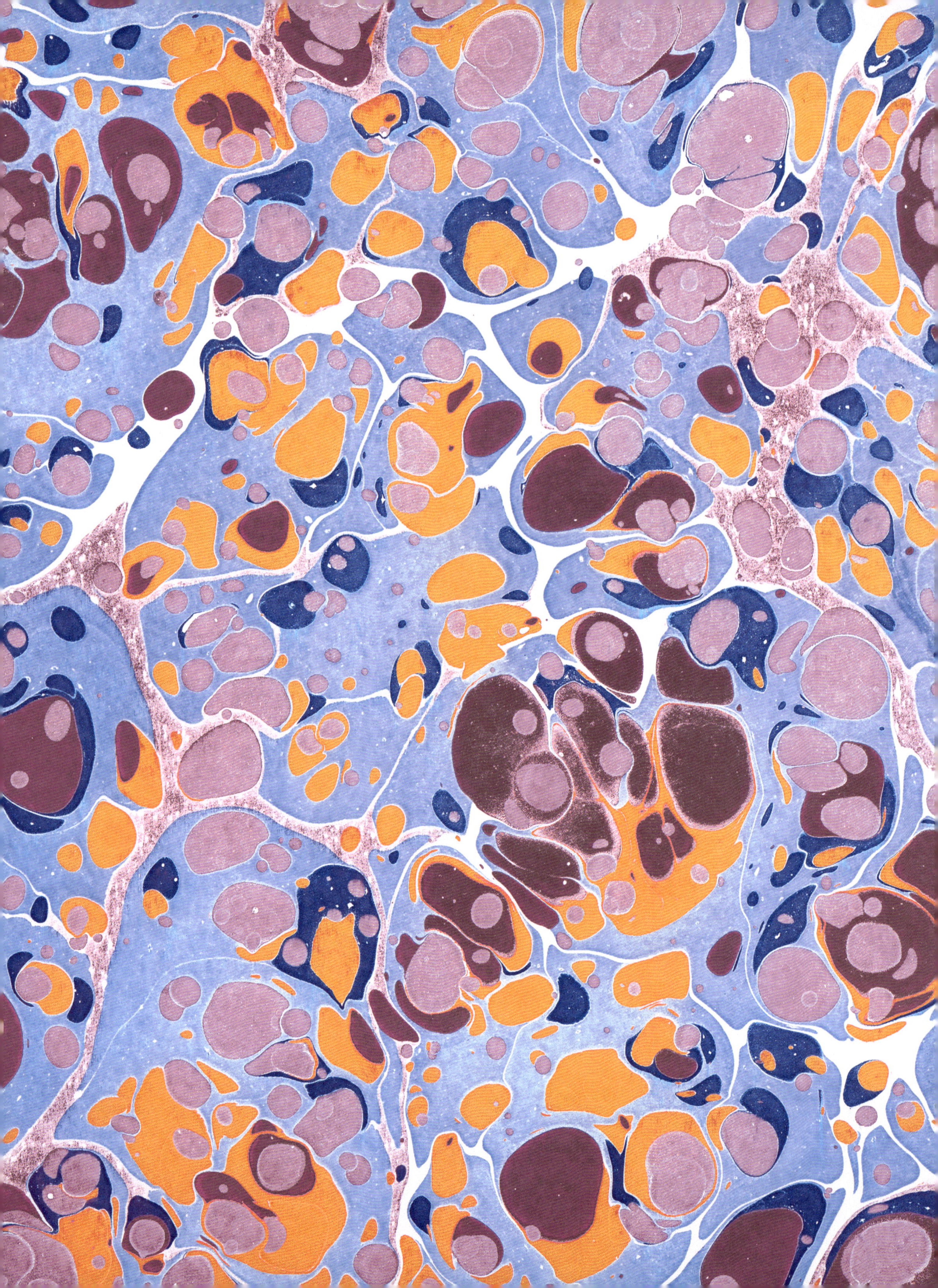

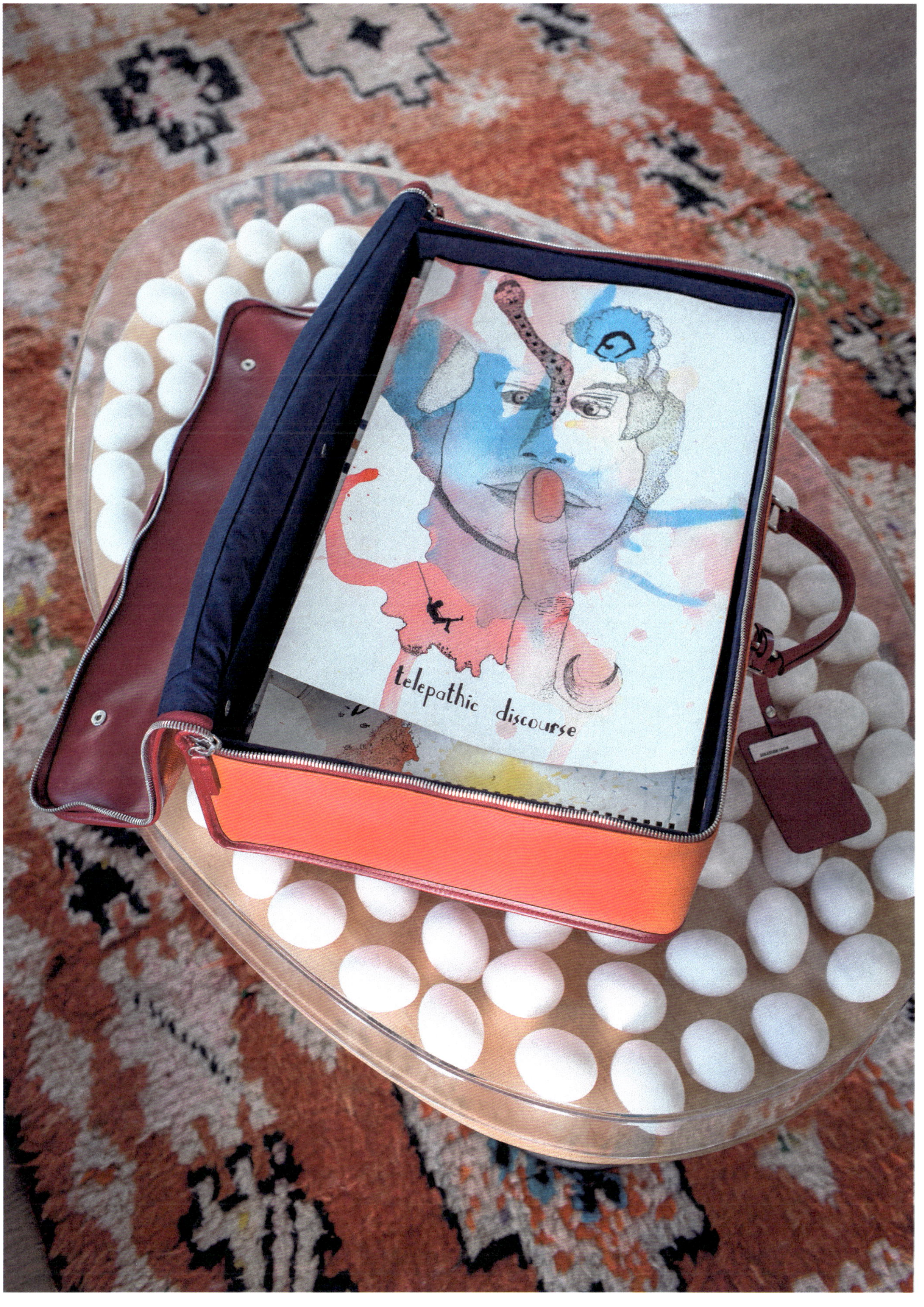

telepathic discourse

psychodessins

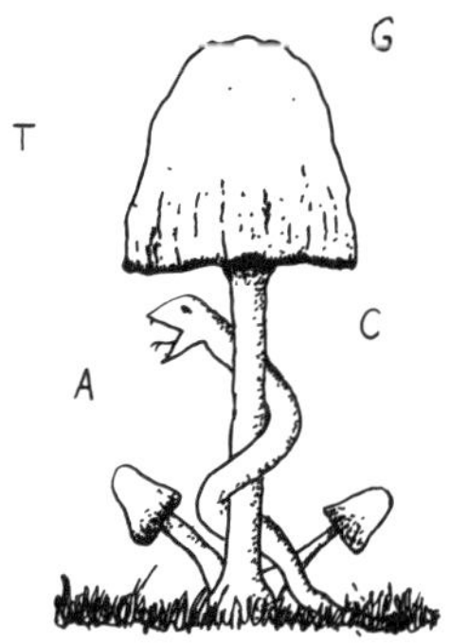

Sébastien Léon

HAT & BEARD PRESS

Psychodessins
Sébastien Léon

This book has been produced in partnership with Galerie Praz Delavallade to accompany the 2024 "Psychodessins" exhibition hosted at the gallery's Los Angeles location, and with Invisible Republic, an arts nonprofit and programming initiative of Future Roots, Inc., a 501c3 organization.

———————————————————

Ce livre a été produit en partenariat avec la Galerie Praz Delavallade à l'occasion de l'exposition "Psychodessins" organisée dans son espace de Los Angeles, ainsi qu'avec Invisible Republic, une organisation artistique à but non lucratif et une initiative de programmation de Future Roots, Inc., une organisation 501c3.

Published by Hat & Beard Press Los Angeles, CA
www.hatandbeard.com

Printed in Belgium by Graphius
www.graphius.com

Design by Luke Benge
www.goodhere.nz

Photography Credit:
Page 7: Dusan Vuksanovic
Page 21 to 111: Justin Ware
Page 112: Anastasia Blackman

Page 7: Egg Table (Homage to Marcel Broodthaers), 2007, by Nicola L. Wood, egg shells, plexiglass, metal base - 52.1 x 101.6 x 67.3 cm, 20 1/2 x 40 x 26 1/2 in., Edition 3/3
© Nicola L. Collection and Archive

Hat & Beard Press books are published by
Hat & Beard, LLC
713 N La Fayette Park Place
Los Angeles, CA 90026
www.hatandbeard.com
IG: @hatandbeardpress

HAT & BEARD PRESS   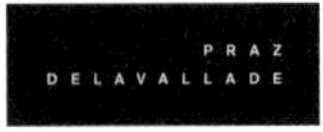   **INVISIBLE REPUBLIC**

Table of Contents

A Little Attention

D. Graham Burnett

W hat is attention? It is a puzzling problem. One is tempted to start with an inversion: what is the *opposite* of attention? Well, "distraction," perhaps. Though, on further reflection, this may be found to be not perfectly satisfying. After all, what you call my being "distracted" may well be me experiencing the most unspeakably profound and monomaniacal *vortex* of pure mediative focus. Indeed, by these lights, pure distraction may be the veritable *nec plus ultra* of attentionality.

So try again. Maybe "absent mindedness"? Yes, that might be better. Though I am immediately reminded of the lyrics of Elvis Presley's last song on Sun Records, the immortal 1955 "I Forgot to Remember to Forget," which pretty much says it all: it is bloody hard to leave the mind behind, despite our best intentions. Now it is true that when Bob Dylan covered the song with The Band in '67, in the addled goofball-howl that would leak out in the bootleg "Basement Tapes," you could *almost* persuade yourself that Dylan himself might have special access to the mental gymnastics required for meta-forgetting. But that is just the smoke and mirrors of old Elston Gunn. Ain't it just like the night to play tricks when you're trying to be so quiet?

To be sure — since we never really leave our minds behind, do we? They follow us wherever we go. Or vice versa.

In the pages below, Sébastien Léon worked on remembering to forget, and the results bank and bleed, seep and reveal. Once upon a time, Goya let the acid bite his plate in a pattern that read *"El sueño de la razón produce monstruos"* — the sleep of reason produces monsters. And that may be so. But certainly it produces other things too. Like surfers, and bungee-jumpers, and little silhouettes of scuba-divers. And a flamingo. There is something of a rainbow Rorschach in all of this, as if we were seeing not merely the inkblots, but the inkblots *being seen*. And not by the eye alone.

I am reminded of my grandfather, a dear old man, tall and dark, who spent most of his life tinkering with antique clocks and re-caning chairs with fine rush. In a sweet midwesternism he habitually referred to a missed spot in a paintjob as a "holiday" — as in "you left a holiday there, Graham, on the side of the coocoo." The lacuna, the blank spot, the error: this was where the play happened, where the rules relaxed, where the Saturnalia could unfold.

There is some of that kind of oversight here, no? It weaves in and out of these polychrome oneiric doodles which forget themselves, and then sneak up and startle themselves from behind. And there is absent-mindedness, too. But also much of that funny species of attention that comes out sideways, the kind that is hard to distinguish from distraction: *averted* attention — that can seize only upon objects at the periphery of a regard intent on something else.

*

A mental world? Or a physical one? That is always the question, of course.

Art asks the question, and attention splits the difference.

Take, for instance, section 23 of Bishop George Berkeley's semi-notorious *Treatise Concerning the Principles of Human Knowledge* of 1710. The work itself is best known for its deeply counter-intuitive defense of a philosophical position that comes to be known as "subjective idealism." It is a worldview easier to parody than to refute. At its heart is the claim that all we ever experience is our mental life, and that, as a result, we have no reliable claim to the existence of mind-independent *anything* — no surfers, no bungee-jumpers, no scuba-divers, no birds of any kind, much less flamingos; no substances whatsoever, no *things* at all. This philosophical project, in context, was an elaborate effort to dispense with all manner of materialism (and the various empiricisms that went along with it), and all dualisms too (with their ramshackle efforts to hold together "mere" stuff with spirit/mind/divinity etc.).

The idea that the whole of what we deal with as conscious beings amounts to an elaborate psychodrama may strike anyone who has stubbed a toe as fundamentally implausible (and a number of Berkeley's contemporaries had very much this reaction), but it is also the case that a little reflection can produce a moment of vertigo on the matter. And it was exactly this — a little reflection, a little attentive reflection — for which Berkeley called in making his argument.

Indeed, one might even argue that he doesn't think an argument is necessary. In section 23 what he seems to say is that *all one has to do is pay attention*, and a realization of the truth of his claim will follow automatically. Here's the passage:

> When we do our utmost to conceive the existence of external bodies, we are all the while only contemplating our own ideas. But the mind taking no notice of itself, is deluded to think it can and does conceive bodies existing un-thought of or without the mind, though at the same time they are apprehended by or exist in itself. A little attention will discover to any one the truth and evidence of what is here said, and make it unnecessary to insist on any other proofs against the existence of material substance.

It is an extraordinary claim: *"A little attention will discover to any one the truth and evidence of what is here said."*

We could go so far as to say that Berkeley in effect says that this is what *"attention"* is — it is the technology we possess for recognizing that our lives are *mental.*

So give a little attention to the pages that follow. See what happens.

D. Graham Burnett is an artist and researcher based in New York City. He trained in the History and Philosophy of Science at Cambridge University, and his creative practice centers on archives as sites for speculation, trance, and dream. He is associated with ESTAR(SER) and the "Friends of Attention."

Un Peu d'Attention

D. Graham Burnett

Qu'est-ce que l'attention ? Voilà un problème intrigant. Pour y répondre on est tenté de commencer par une inversion : qu'est-ce que l'*opposé* de l'attention ? Eh bien, peut-être serait-ce la « distraction ». Cependant, à y réfléchir davantage, on peut trouver que ce n'est pas tout à fait exact. Après tout, ce que l'on appelle le fait d'être « distrait » pourrait bien être l'état du moi en train d'expérimenter le vortex le plus profond et monomaniaque de pure concentration méditative. Alors, selon ces critères, la pure distraction pourrait bien être le véritable *nec plus ultra* de l'attention.

Essayons à nouveau. Peut-être serait-ce plutôt l'absence d'esprit? Oui, c'est peut-être mieux. Bien que je sois immédiatement rappelé aux paroles de la dernière chanson d'Elvis Presley sur le label Sun Records en 1955, l'immortelle « *I forgot to remember to forget* », qui résume bien le problème: il est sacrément difficile d'oublier l'esprit, malgré nos meilleures intentions. Il est vrai que lorsque Bob Dylan a repris la chanson avec The Band en 1967, dans le hurlement délirant et loufoque de ses « *Basement Tapes* », on pourrait *presque* se persuader que Dylan lui-même ait un accès spécial aux gymnastiques mentales nécessaires pour méta-oublier. Mais ce n'est là que de la poudre aux yeux de la part du vieux bon Elston Gunn. « *Ain't it just like the night to play tricks when you're trying to be so quiet?* » – Ne reconnaît-on pas la nuit à sa façon de nous jouer des tours quand on essaie d'être si calme ?

Sans doute – car nous ne laissons jamais vraiment tomber nos esprits, n'est-ce pas ? Ils nous suivent partout où nous allons. Ou vice versa.

Dans les pages qui suivent, Sébastien Léon a travaillé à se souvenir d'oublier, et les résultats s'accumulent et s'écoulent, suintent et se révèlent. Autrefois, Goya a laissé l'acide mordre sa gravure dans un motif qui disait « *El sueño de la razón produce monstruos* » – le sommeil de la raison engendre des monstres. Et il en est peut-être ainsi. Mais cela produit certainement aussi d'autres choses. Comme des surfeurs, des sauteurs à l'élastique et de petites silhouettes de plongeurs sous-marins. Et un flamant rose. Il y a quelque chose d'un Rorschach façon arc-en-ciel dans tout cela, comme si nous ne voyions non seulement les taches d'encre, mais comme si les taches d'encre se *faisaient voir*. Et pas seulement par l'œil.

Je me souviens de mon grand-père, ce cher vieil homme, grand et sombre, qui a passé la majeure partie de sa vie à bricoler sur des horloges anciennes et à rafistoler le cannage de ses chaises. Avec son doux régionalisme du Midwest, il qualifiait l'endroit d'un mur qu'on avait oublié de peindre de « vacances » – comme par exemple « tu as laissé des vacances là, Graham, à côté du coucou. » La lacune, le vide, l'erreur: c'était là que le jeu se déroulait, là où les règles se relâchaient, là où les Saturnales pouvaient se dérouler.

On retrouve un peu ce genre d'abandon dans ces dessins, vous ne trouvez pas ? Il se faufile dans ces griffonnages oniriques polychromes qui s'oublient eux-mêmes, puis surgissent et se surprennent par derrière. Et il y a aussi de l'absence d'esprit. Mais aussi beaucoup de cette drôle d'espèce d'attention latérale, celle qui est difficile à distinguer de la distraction : l'attention *détournée* – qui ne peut saisir que des objets en périphérie d'un regard attentif à autre chose.

*

Un monde mental ? Ou un monde physique ? C'est toujours la question, bien sûr.

L'art pose la question, et l'attention partage la différence.

Prenons, par exemple, la section 23 du semi-célèbre *Traité sur les principes de la connaissance humaine* de l'évêque George Berkeley en 1710. L'œuvre elle-même est surtout connue pour sa défense profondément contre-intuitive d'une position philosophique devenue connue sous le nom d' « idéalisme subjectif ». C'est une vision du monde plus facile à parodier qu'à réfuter. Au cœur de cette position se trouve l'affirmation que tout ce que nous expérimentons est notre vie mentale, et qu'en conséquence, nous n'avons aucune revendication fiable à l'existence de *quoi que ce soit* indépendant de l'esprit – pas de surfeurs, pas de sauteurs à l'élastique, pas de plongeurs sous-marins, pas d'oiseaux d'aucune sorte, encore moins de flamants roses ; aucune substance quelle qu'elle soit, aucune *chose* du tout. Ce projet philosophique, dans son contexte, était un véritable effort visant à se débarrasser de toutes sortes de matérialisme (et des divers empirismes qui l'accompagnaient), et de tous les dualismes aussi (avec leurs tentatives bancales d'assembler de la matière avec de l'esprit/divinité, etc.).

L'idée que l'ensemble de ce à quoi nous avons affaire en tant qu'êtres conscients équivaut à un psycho-drame complexe peut sembler fondamentalement improbable à quiconque s'est déjà cogné un orteil (et un certain nombre des contemporains de Berkeley ont eu cette réaction), mais il est également vrai qu'une petite réflexion peut produire un moment de vertige sur la question. Et c'était précisément cela – un peu de réflexion, un peu de réflexion attentive – que Berkeley soutenait en formulant son argument.

En effet, on pourrait même croire qu'il ne juge pas le débat nécessaire. Dans la section 23, ce qu'il semble dire, *c'est que tout ce qu'il faut faire est de prêter attention*, et la réalisation de la véracité de sa revendication suivra automatiquement. Voici le passage:

> Quand nous faisons notre possible pour concevoir l'existence des corps externes, nous ne faisons tout le temps que contempler nos propres idées. Mais l'esprit ne prenant pas garde à lui-même, s'illusionne, et pense qu'il peut concevoir, et qu'il conçoit en effet, des corps existants non pensés, ou hors de l'esprit, bien qu'en même temps ils soient saisis par lui et existent en lui. Avec un peu d'attention chacun reconnaîtra la vérité et l'évidence de ce qui est dit ici, et rendra inutile d'insister sur d'autres preuves contre l'existence de la substance matérielle.

C'est une affirmation extraordinaire : « *Un peu d'attention révélera à quiconque la vérité et la preuve de ce qui est dit ici* ».

On pourrait même aller jusqu'à dire que Berkeley dit en effet que c'est cela-même que « *l'attention* » – cette technologie que nous possédons pour reconnaître que nos vies sont *mentales*.

Alors, prêtez un peu d'attention aux pages qui suivent. Voyez ce qui se passe.

D. Graham Burnett est un artiste et chercheur basé à New York. Il a reçu sa formation en histoire et philosophie des sciences à l'Université de Cambridge, et sa pratique créative est centrée sur les archives en tant que lieux propices à la spéculation, à la transe et au rêve. Il est affilié à ESTAR(SER) et à « Friends of Attention ».

I Dream Therefore I am

❖

Enrique Enriquez & Sébastien Léon
New York City, June 2023

Enrique Enriquez: I would like to start by sharing a peculiar incident that happened today while I was on the subway heading to our meeting. Across from me, a woman was dozing off intermittently as we crossed the river. At some point, her coffee cup tipped over, and with the movement of the subway car, the spilled coffee created an ever-evolving puddle. It reminded me of the watercolors in your psychodessins and felt like a cosmic alignment — as if this unsuspecting woman laid the foundation for one of your drawings.

Sébastien Léon: I know what you mean. It's funny how she became the same sort of catalyst that typically starts my drawing process.

EE: Tell me a little bit about that process.

SL: The technique I use to make these drawings is quite simple and repetitive, and that's why it can be a practice. I rip a sheet of watercolor paper from my pad, take it outside, select three or four colors of watercolor, and splash them on. I wait for it to dry and take that piece of paper with me around the house as I answer emails, have lunch, etc. I always keep it in the corner of my eye. I even place it next to my bed so I can see it without looking at it. At some point, a vision suddenly arises from these color stains, and that's when I start drawing with ink.

EE: André Breton would consider this phenomenon as an "elemental surface," a concept that was initially inspired by Leonardo da Vinci. They believed that anything enabling the imagination to produce images was an elemental surface. I wonder if you feel a connection to this tradition in your psychodessins.

SL: Da Vinci's technique of composing background landscapes using the veins of wood panels completely resonates with me. It's interesting you mention da Vinci. I was born in Blois, a small French city where he spent his final years. His villa still stands there, alongside a museum showcasing his inventions. Growing up, he was sort of unavoidable in my surroundings, so I thought it was normal for a studio to encompass various artistic disciplines like he did: painting, design, architecture, music, etc. Today, I think artistic practices tend to be more focused on one medium, but I was never able to fit in that model. I'm pretty sure it's due to growing up around that kind of tradition. There were other specific aspects of that time period that reflect my current work — like how artists used the textures of marble panels as literal landscapes on top of which they developed allegoric scenes. It's similar to how I generate my drawings from the organic forms taken by the watercolor. But in my case, before I begin, I very intentionally clear my mind to allow subconscious images to emerge, which is more in the tradition of surrealist automatic drawings.

EE: I do see an aura of boundless possibilities in your drawings, but I must say I have reservations about the pure automatic writing tradition of the Surrealists, since language inherently follows syntax and semantics. To me, your psychodessins are closer to dreams, closer to the semi-formed figurations of the paintings of André Masson, Kurt Seligmann, or Roberto Matta. Within your drawings, I see some sort of tapestry of visions emerging from the core of your watercolors. But what also strikes me is the transitory nature permeating each image that you create. They possess a certain fluidity, a sense that they are perpetually shifting from one drawing to another, like a stream of consciousness. They all work together as one.

SL: I try to think of absolutely nothing when I start a drawing, like in transcendental meditation. I go for complete immersion and let my subconscious guide me. Paradoxically, it is by forgetting my sense of self that I get most inspired.

EE: It feels like we are never as much ourselves as when we lose ourselves in what we observe. It is like the contemplation in medieval exegesis, or the concept of the Scholar's Rocks in Chinese culture, when one would observe beautiful natural rocks during meditation to access higher realms of consciousness.

SL: Yes, when I draw, I absolutely refuse to understand the images that come up. Understanding only occurs after a drawing is complete, maybe even after a year or so. For instance, many of my drawings feature shadowy silhouettes—a businessman, a skydiver, an acrobat, a child—who seem to intervene on a different dimension from the rest of the scene. Only recently did I realize that these characters really are self-portraits, representing the powerless aspect of my dreaming self observing a series of inexorable scenarios unfolding. Also, each drawing carries some sort of a title—a tagline that emerges as a visceral response to the artwork. I often find descriptive titles to be reductive, so I look for phrases that open doors rather than explain, like anagrams. Using pataphysical anagrams, for instance, a mask by Thomas Houseago becomes the tagline *So Meshuga Too*.

EE: To me, language is the original sin. I find myself fixated on the pivotal moment when Adam bestowed names upon every single entity in the Garden of Eden. In that very moment, he imposed a constructed identity to each thing, reducing their inherent essence. Mystics usually believe that their profound experiences cannot be described through language. By transcending linguistics, they aim to access a free and untouched realm. That's why the Language of the Birds, the secret language connected with the Tarot and based on symbolism and wordplay, holds more significance to me than our daily language.

SL: That's so interesting. I must say that the allure of the invisible has always captivated me. It's true, the more I give up control over my creative process, the more surprised I am by what my drawings provide. That really is the reason why I create these psychodessins, to trigger those revelations. They serve as conduits transporting me to the unfamiliar. I draw a parallel between making a psychodessin and a taking stroll through the streets of New York or Paris. In both instances, I am extremely attentive to chance, like a sudden meeting with a friend, the serendipitous eavesdropping of a conversation, or the discovery of an urban relic on the ground. I believe my psychodessins recreate that boulevardier feeling on paper—those times when the unexpected takes over.

EE: Paris indeed holds a rich tradition of artistic expression based on the act of walking down the boulevards. It is a tradition that even precedes Dadaism, Surrealism, and Situationism, reaching back to poets like Gérard de Nerval in the nineteenth century.

SL: Absolutely, walking down an avenue can feel like drawing the cards of a Tarot deck, with symbolic events constantly taking place before our eyes. I might call this the boulevardier drawing technique, inviting chance in creation.

EE: Yes, I actually saw some imagery from the Tarot in your drawings. Did you know that the origins of divination can be traced back to our hunter-gatherer days? To a time when our ability to read the land and sky, and to mimic animals played a crucial role in survival. By attuning ourselves to our environment, we sought to understand and eventually merge with it. Over time, we extrapolated symbolic elements from our surroundings—bird flights, cloud shapes, reflections in water—as means of divination.

SL: You're saying that divination involves using symbolic fragments of the world to gain insight into the whole?

EE: Exactly. In Chinese mythology for example, the Heavens were believed to be spherical, while the Earth was considered flat. Turtles, with their flat undersides and rounded shells, became symbols of the universe, connecting the earthly dimension with the divine. People would burn turtles and interpret the cracks in their shells to call on the Heavens and forecast the future.

SL: Poor turtles! I have a drawing called *Polar Shift* in which I loosely reference that myth of creation. It shows a young boy flying a colossal turtle-shaped kite. Below that turtle, a floating Earth is surrounded by plus and minus signs, which trigger its rotation. I guess it's a drawing that sums up my fascination with myths, and the coexistence of opposite forces, of order and chance. Do you think that the experience that you were talking about earlier, of seeing that woman spilling coffee in the subway as a way to announce our conversation, is similar to the experience of shamans reading bird flights or tea leaves to understand reality?

EE: I do. We don't have to look at cards and divination techniques to understand what is going on in our lives — the entirety of reality constantly speaks to us. That is precisely the Language of the Birds. People typically don't consider reality to be magical, they think instead that divination is magical — but that's wrong. I am convinced that the world constantly speaks to us and that we should be open and trained to understand its language. If you are alive in the world, you are the oracle: you are the one giving sense to its manifestations.

Enrique Enriquez is a poet based in New York City whose work explores the magical value of language, birdsong, dreams, and the Tarot of Marseilles. He is the author of Tarology, En Terex It & Ex Itent Er, and Linguistick. *His ideas are the central theme of feature film* Tarology, The Poetics of Tarot.

Je Rêve Donc Je Suis

Enrique Enriquez & Sébastien Léon
New York, Juin 2023

Enrique Enriquez: Je voudrais commencer en partageant un incident qui s'est produit aujourd'hui alors que j'étais dans le métro, en route pour notre rendez-vous. En face de moi, une femme somnolait alors que nous traversions l'East River. Tout à coup, son gobelet de café a basculé, et avec le mouvement du métro, le liquide renversé a formé une flaque en constante évolution. Cela m'a rappelé les aquarelles de tes psychodessins, comme si cette femme avait innocemment posé les bases de l'un de tes dessins. C'était une sorte d'harmonie cosmique.

Sébastien Léon: Je vois ce que tu veux dire. C'est drôle d'imaginer comment son café a incarné le type de catalyseur qui lance habituellement mon processus de dessin.

EE: Parle-moi donc un peu de ce processus.

SL: La technique que j'utilise pour créer ces dessins est somme toute assez simple et répétitive, et c'est la raison pour laquelle j'appelle cela une « pratique ». Je retire une feuille de mon bloc de papier, je l'emporte dans le jardin, je choisis trois ou quatre couleurs d'aquarelle et je les éclabousse sur la feuille. J'attends que cela sèche, puis j'emmène cette feuille de papier partout avec moi à la maison, pendant que je réponds à des courriels, que je déjeune, etc. Je la garde toujours dans le coin de l'oeil. Je la place même à côté de mon lit pour pouvoir l'avoir en périphérie de vision. Tout à coup, une vision surgit de ces taches de couleur, et c'est là que je commence à dessiner à l'encre.

EE: André Breton aurait considéré ces taches de couleurs comme une « surface élémentaire », un concept qui a été d'ailleurs initialement inspiré par Léonard de Vinci. Ils croyaient que tout ce qui permettait à l'imagination de produire des images constituait une surface élémentaire. Je me demande si tu te sens lié à cette tradition dans tes psychodessins.

SL: La technique de Léonard de Vinci qui consiste à composer ses paysages en utilisant les veines des panneaux de bois me parle complètement. C'est intéressant que tu mentionnes Léonard de Vinci. Je suis né à Blois, tout prêt d'Amboise où il a passé ses dernières années. Sa villa « Le Clos Lucé » est toujours là, à côté du musée qui présente ses inventions. Quand j'ai grandi, il était incontournable dans mon quotidien, alors je pensais que c'était normal qu'un studio de création englobe toutes les disciplines artistiques: peinture, design, architecture, musique, etc. Aujourd'hui, je pense que les artistes plutôt ont tendance à se concentrer sur un seul médium, mais je n'ai jamais réussi à me caler sur ce modèle. Je suis presque certain que c'est dû au fait d'avoir grandi sur fond de studio d'artiste de la Renaissance. Il y a d'autres aspects de cette époque qui se reflètent mon travail, comme la façon dont certains peintres utilisaient les textures des panneaux de marbre comme des paysages sur lesquels ils développaient leurs allégories figuratives. C'est très proche de la façon dont mes psychodessins naissent. Toutefois dans mon cas, je commence par vider intentionnellement mon esprit pour laisser émerger les images de mon subconscient. Et là tu as raison, cela correspond davantage à la tradition surréaliste du dessin automatique.

EE: Je ressens en effet comme une aura de possibilités infinies dans tes dessins. Mais je dois avouer que j'ai des réserves concernant la tradition surréaliste d'écriture automatique, car le langage doit toujours suivre une syntaxe et une sémantique. Pour moi, tes psychodessins sont plus proches des rêves, des figurations semi-formées que l'on trouve dans les peintures d'André Masson, Kurt Seligmann ou Roberto Matta. J'y vois toute une tapisserie de visions éclatant du coeur de tes aquarelles. Mais ce qui me frappe aussi, c'est la nature transitoire qui imprègne chaque image que tu crées. Elles possèdent une certaine fluidité, l'impression qu'elles se métamorphosent perpétuellement d'un dessin à un autre, comme un courant de conscience. C'est comme si tes psychodessins fonctionnaient ensemble comme un tout.

SL: En fait j'essaie de ne penser absolument à rien quand je commence un dessin, comme dans la méditation transcendantale. Je vise une immersion totale pour laisser mon subconscient me guider. Paradoxalement, je pense que c'est en m'oubliant que je suis le plus inspiré.

EE: Il semble que nous ne sommes jamais autant nous-mêmes que lorsque nous nous perdons dans ce que nous observons. C'est comme dans la contemplation de l'exégèse médiévale, ou dans le concept des « Rochers d'Érudits » de la culture chinoise, qui consiste à méditer en observant de superbes roches naturelles pour accéder à des sphères de conscience supérieures.

SL: Oui, quand je dessine, je refuse absolument de comprendre les images qui émergent. La compréhension n'arrive bien qu'après que le dessin soit terminé, parfois même après une année ou plus. Par exemple, beaucoup de mes dessins présentent des silhouettes sombres — un homme d'affaires, un plongeur, un acrobate, un enfant avec un cerf-volant — qui semblent exister sur une dimension différente du reste de la scène. C'est seulement récemment que j'ai compris que ces personnages sont en réalité des autoportraits qui représentent ma difficulté à dialoguer consciemment avec mon inconscient. Ils observent les scénarios inexorables de mes dessins sans pouvoir y intervenir. Outre ces silhouettes, chaque dessin porte une sorte de titre — une phrase qui émerge comme une réponse viscérale à ce que je viens d'imaginer. Je trouve que donner une explication descriptive à une oeuvre est réducteur, donc je cherche des titres qui ouvrent des portes, comme des anagrammes pataphysiques, par exemple.

EE: Pour moi, le langage est le péché originel. Je suis obsédé par le moment crucial où Adam attribue des noms à chaque entité du Jardin d'Éden. C'est là le moment même où il impose une identité à chaque chose, limitant leur essence même. Les mystiques pensent généralement que leurs expériences profondes ne peuvent pas être décrites par le langage. En transcendant la linguistique, ils cherchent à accéder à un royaume libre et intact. C'est pourquoi le Langage des Oiseaux, le langage secret lié au Tarot et basé sur le symbolisme et les jeux de mots, revêt plus de signification pour moi que notre langage quotidien.

SL: C'est vraiment intéressant. J'ai toujours été attiré par l'invisible. C'est vrai, plus je renonce au contrôle sur mon processus créatif, plus je suis surpris par ce que mes dessins me livrent. Si je fais ces psychodessins, c'est exactement pour déclencher ce genre de révélations. Ils me servent de conduits vers l'inconnu. Je fais un parallèle entre la réalisation d'un psychodessin et une promenade dans les rues de New York ou de Paris. Dans les deux cas, je demeure extrêmement attentif au hasard, comme à celui d'une rencontre soudaine avec un ami, d'une bribe de conversation qui m'arrive aux oreilles, ou d'un objet trouvé sur le trottoir. Je pense que mes psychodessins recréent ce sentiment de déambulation sur papier, ces moments où l'inattendu prend le dessus.

EE: Paris possède en effet la riche tradition d'expression artistique du boulevardier. C'est une tradition qui précède même le dadaïsme, le surréalisme et le situationnisme, remontant à des poètes comme Gérard de Nerval au XIXe siècle.

SL: Absolument, se promener le long d'une avenue peut donner l'impression de tirer les cartes d'un jeu de tarot, avec des événements symboliques se produisant constamment sous nos yeux. Je pourrais appeler ma technique celle du dessin à la boulevardier, incitant le hasard dans la création.

EE: J'ai en effet vu des images du Tarot dans tes dessins. Savais-tu que les origines de la divination remontent à l'époque de nos ancêtres chasseurs-cueilleurs ? À cette époque où notre capacité à lire la terre et le ciel, et à imiter les animaux, jouait un rôle crucial dans notre survie. Nous cherchions alors à nous fondre dans notre environnement en nous harmonisant avec lui. Au fur et à mesure de notre évolution, nous avons extrapolé certains éléments symboliques de cet environnement — les vols d'oiseaux, la formes des nuages, les reflets dans l'eau — comme moyens de divination.

SL: Tu veux dire que la divination est en fait l'utilisation de fragments symboliques du monde pour comprendre son ensemble ?

EE: Exactement. Dans la mythologie chinoise, par exemple, le ciel était considéré comme sphérique, tandis que la terre était plate. Les tortues, avec leur ventre plat et leur carapace arrondie, sont devenues des symboles de l'univers, reliant la dimension terrestre au divin. On brûlait donc des tortues et interprétait les fissures de leur carapace pour invoquer les cieux et prédire l'avenir.

SL: Pauvres tortues ! J'ai un dessin intitulé « *Polar Shift* » (Décalage Polaire), dans lequel je fais vaguement référence à ce mythe de la création. On y voit un jeune garçon avec un cerf-volant en forme de tortue géante. Au dessous, la Terre flotte, entourée de signes positifs et négatifs qui contrôlent sa rotation. Je suppose que c'est un dessin qui résume ma fascination pour les mythes et pour la coexistence de forces opposées, d'ordre et de hasard. Penses-tu que l'expérience dont tu parlais plus tôt, de voir cette femme renverser du café dans le métro comme un moyen d'annoncer notre conversation, est similaire à l'expérience des chamans qui lisent les vols d'oiseaux ou les feuilles de thé pour comprendre la réalité ?

EE: Tout à fait. Nous n'avons pas besoin du Tarot et des diverses techniques de divination pour comprendre ce qui se passe dans nos vies — l'ensemble de la réalité nous parle constamment. C'est précisément cela le Langage des Oiseaux. Les gens considèrent généralement que la réalité n'est pas magique, ils pensent plutôt que c'est la divination qui l'est. Mais c'est faux. Je suis convaincu que le monde nous parle constamment et que nous devrions être ouverts et initiés pour comprendre son langage. Être vivant, c'est être un oracle, et il nous revient de donner un sens à nos manifestations.

Enrique Enriquez est un poète basé à New York dont le travail explore la valeur magique du langage, du chant des oiseaux, des rêves et du Tarot de Marseille. Il est l'auteur de « Tarology », « En Terex It & Ex Itent Er », *et* « Linguistick ». *Il est le thème central du film* « Tarology, The Poetics of Tarot ».

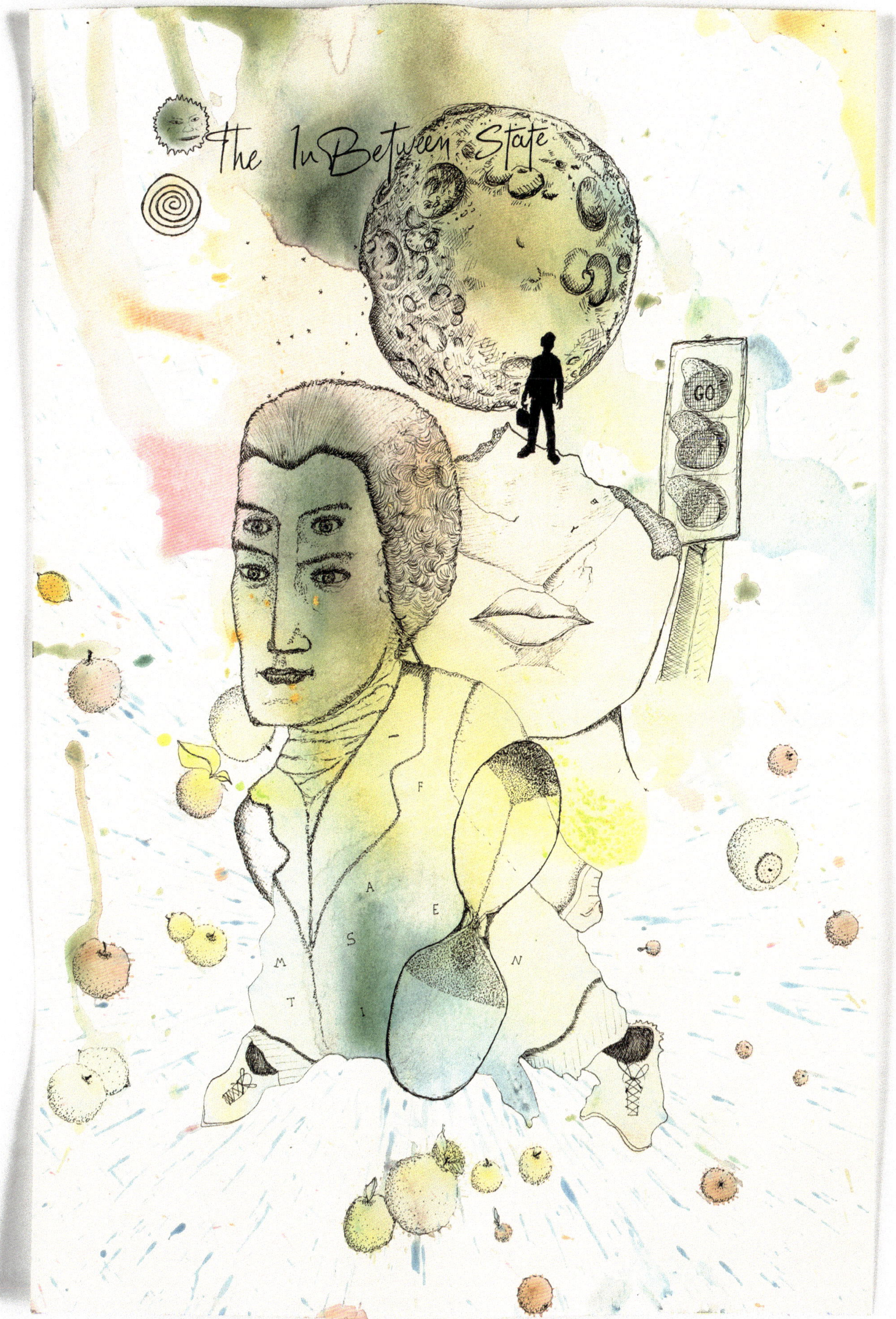

The InBetween State
GO

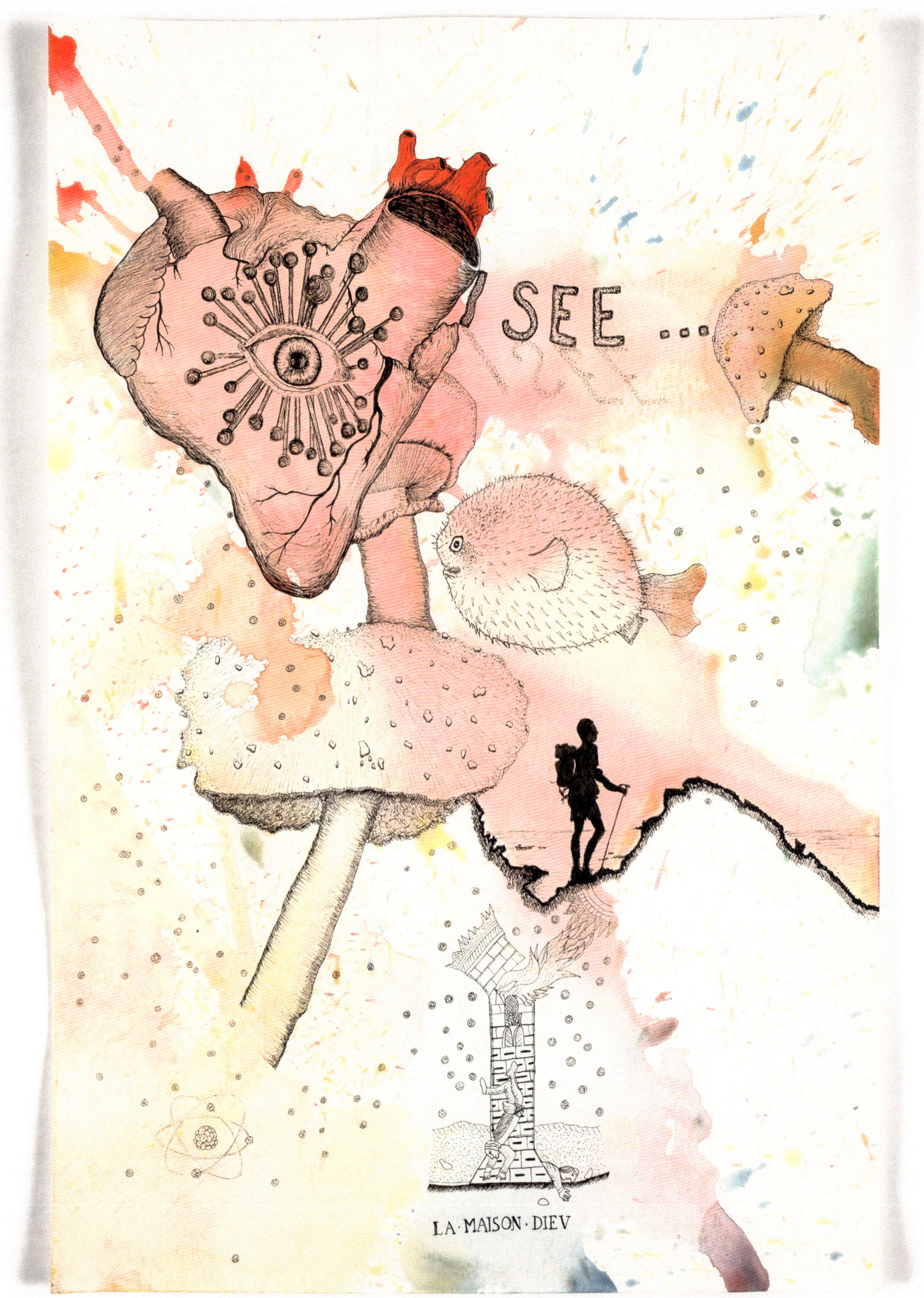
SEE ...
LA·MAISON·DIEV

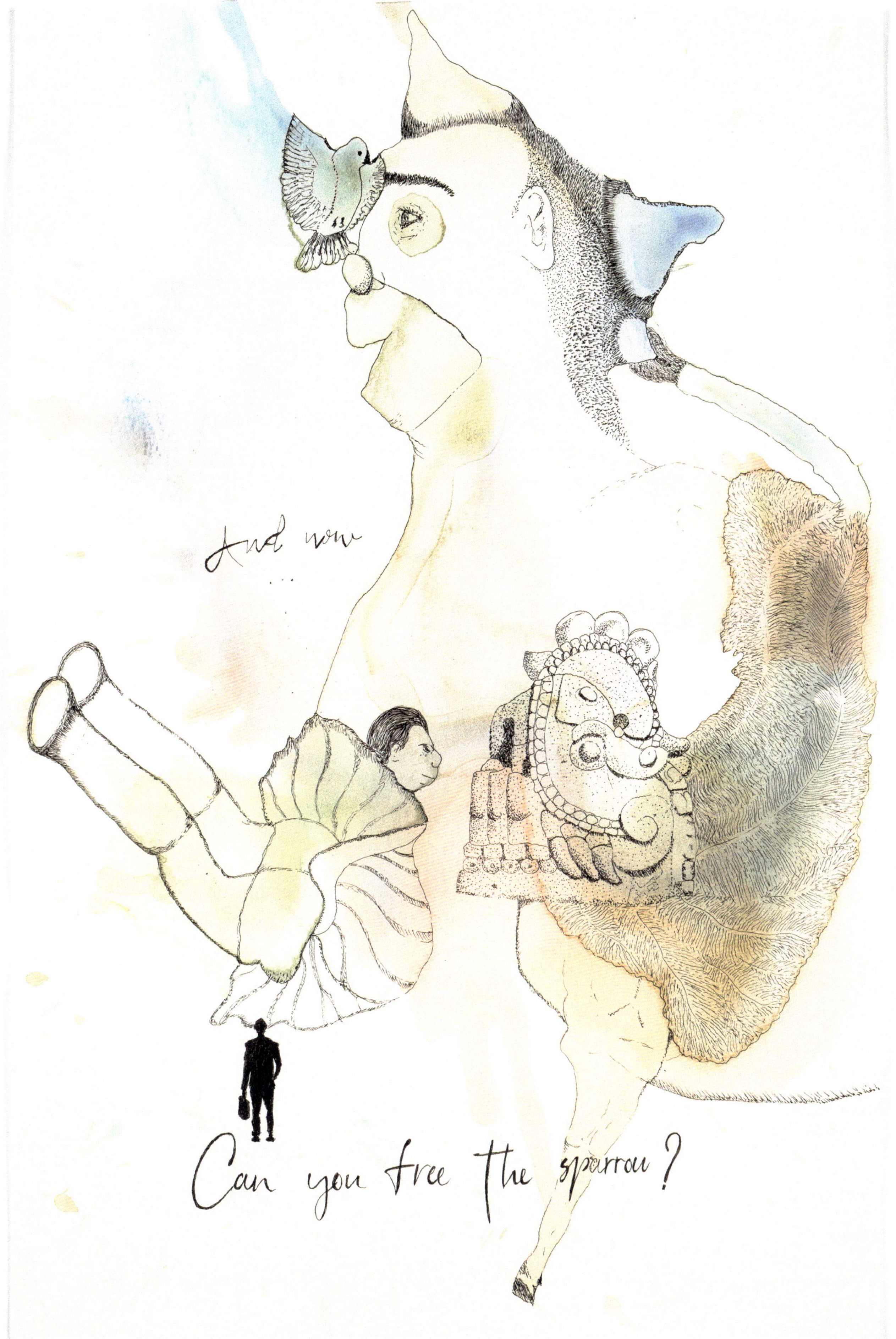
And now
...
Can you free the sparrow?

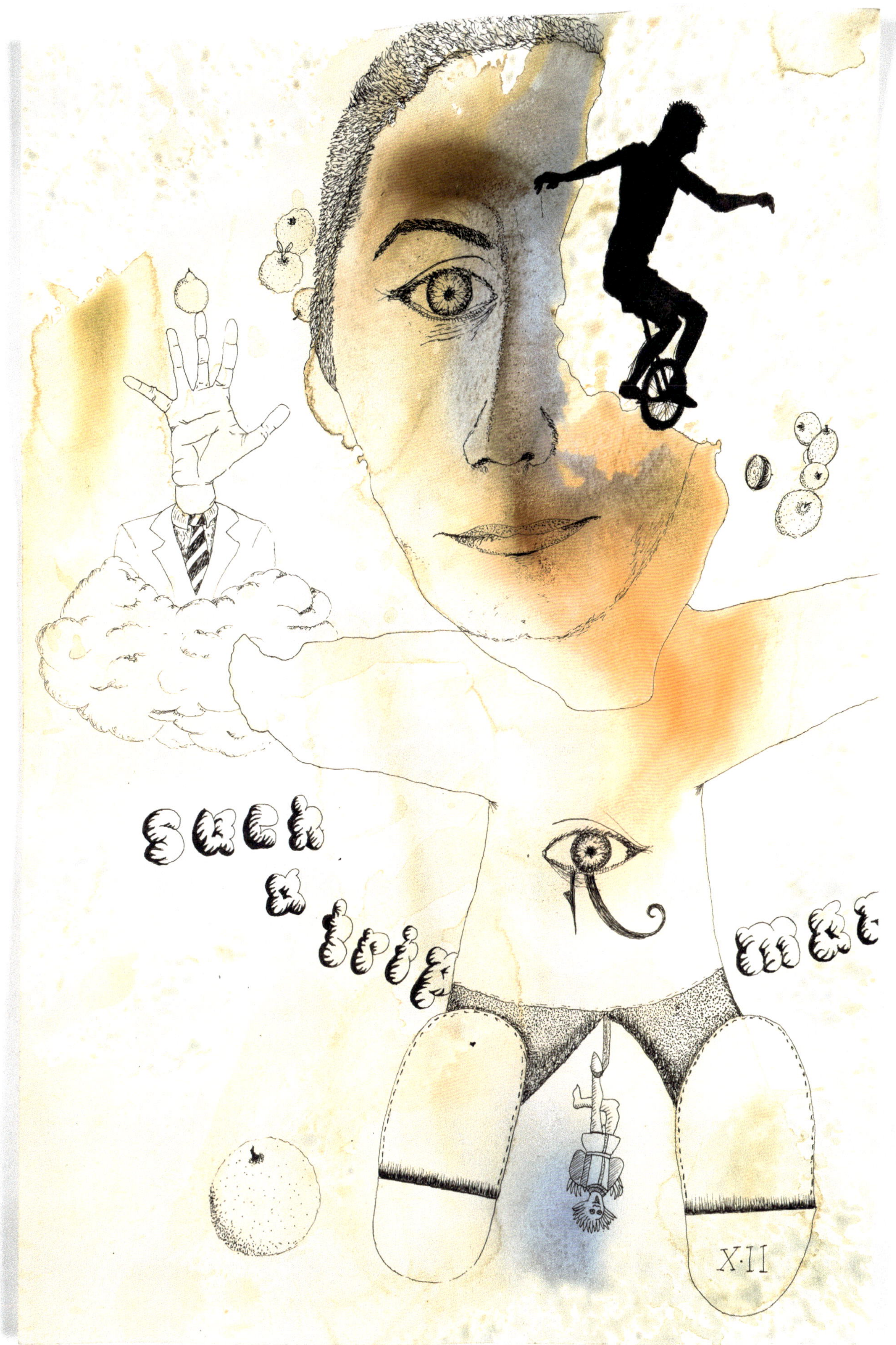

SUCK
A WILLY
MOE
XII

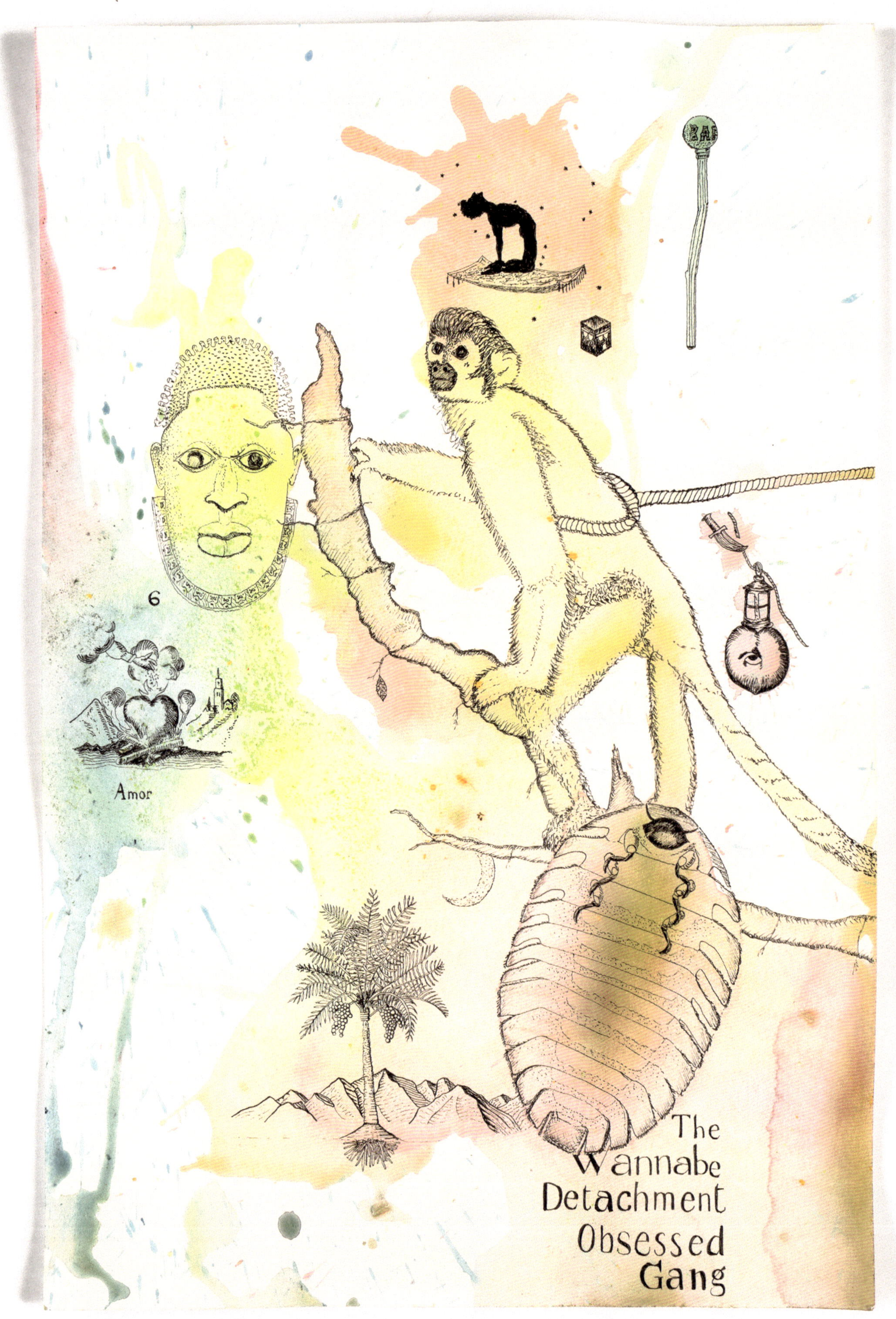
6
Amor
The
Wannabe
Detachment
Obsessed
Gang

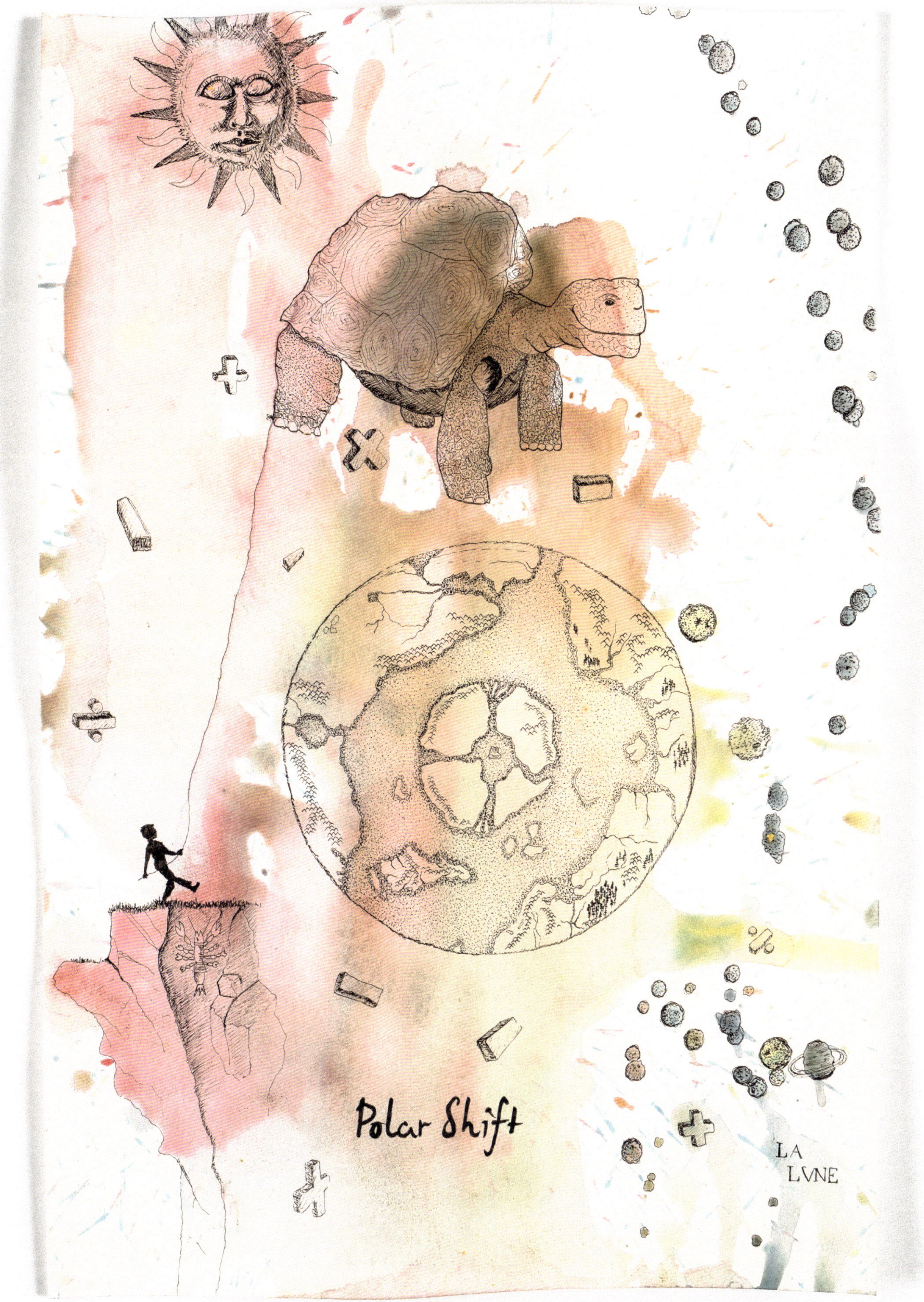

Polar Shift
LA
LVNE

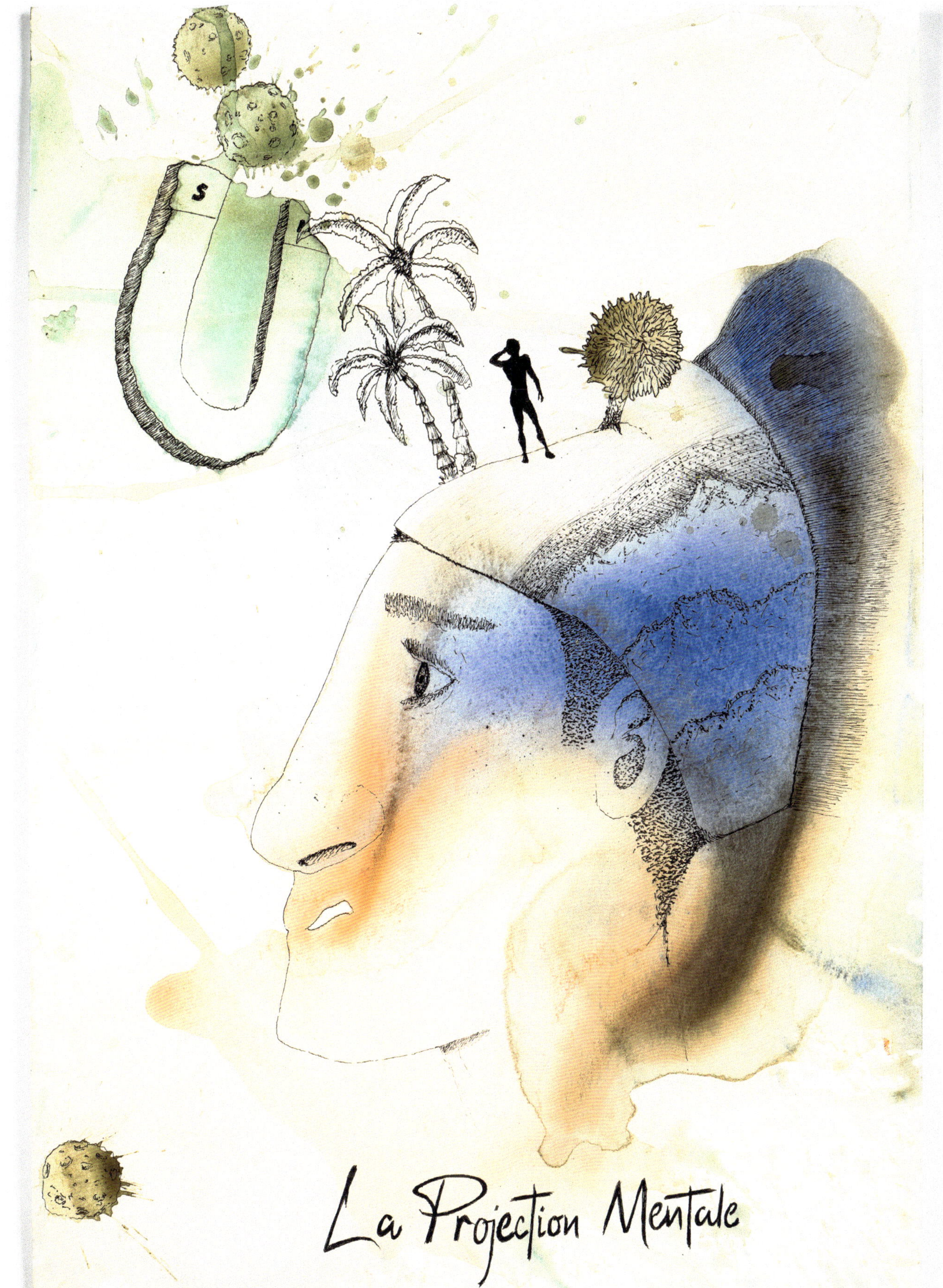

La Projection Mentale

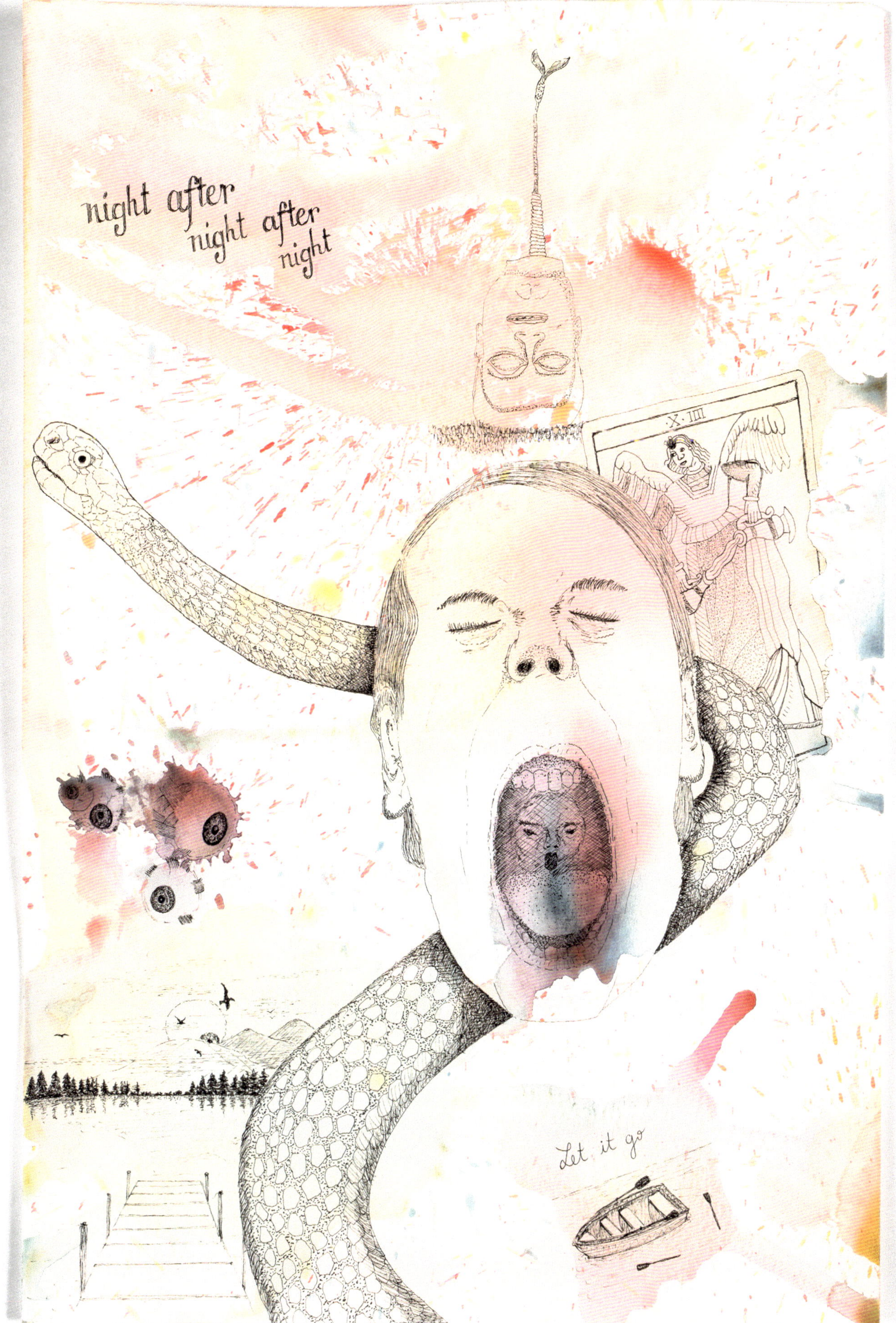

night after
night after
night
Let it go

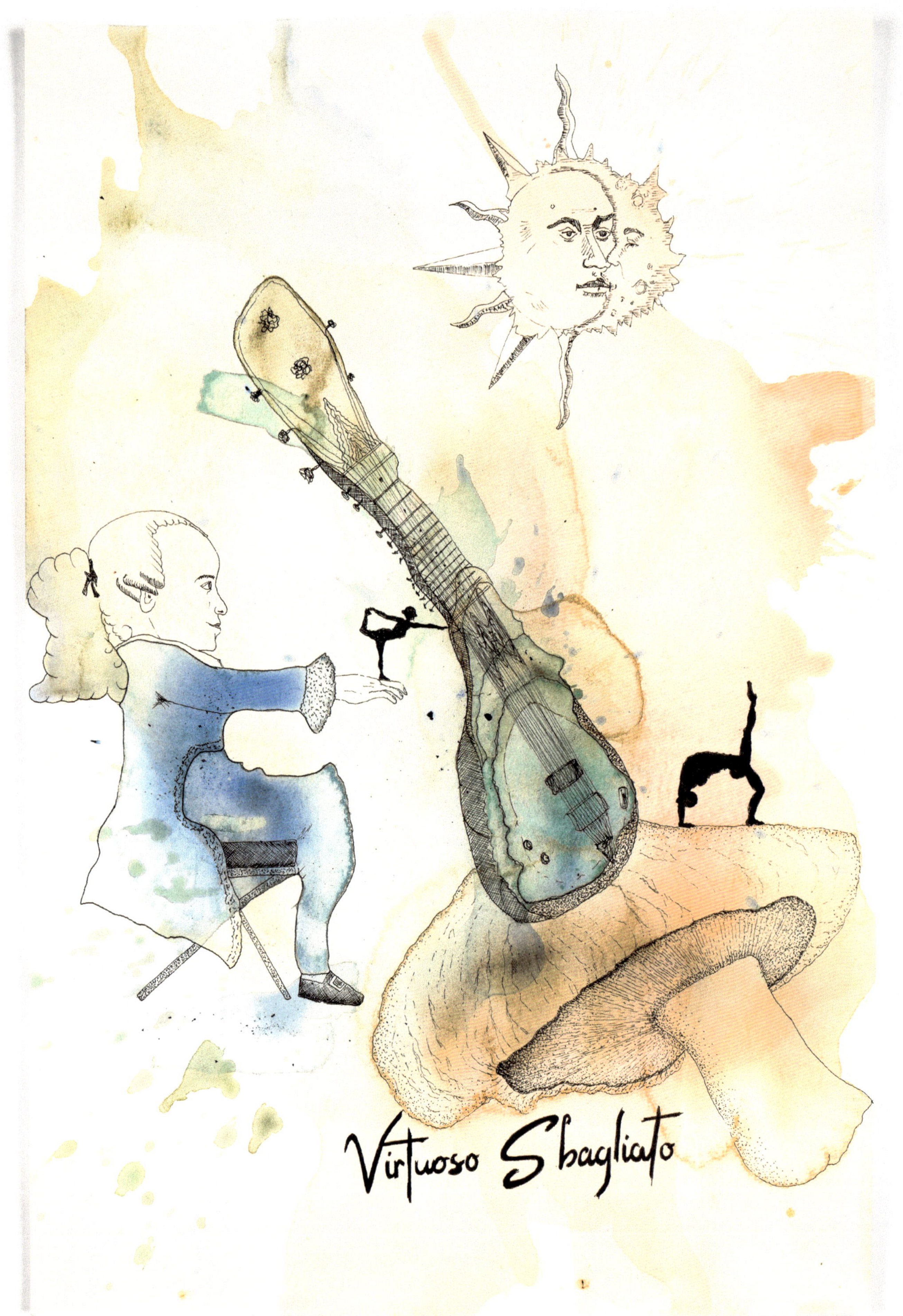

Virtuoso Sbagliato

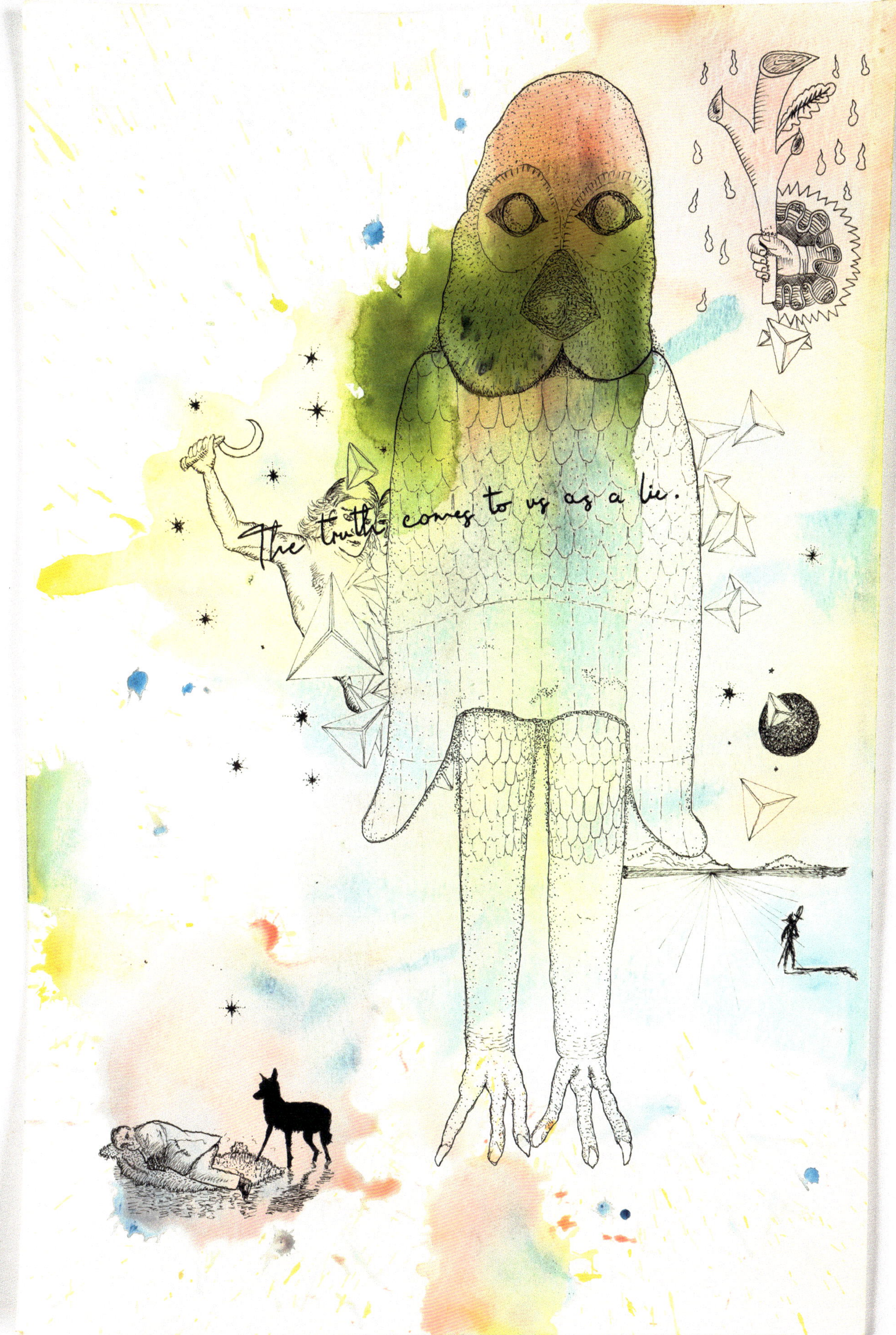
The truth comes to us as a lie.

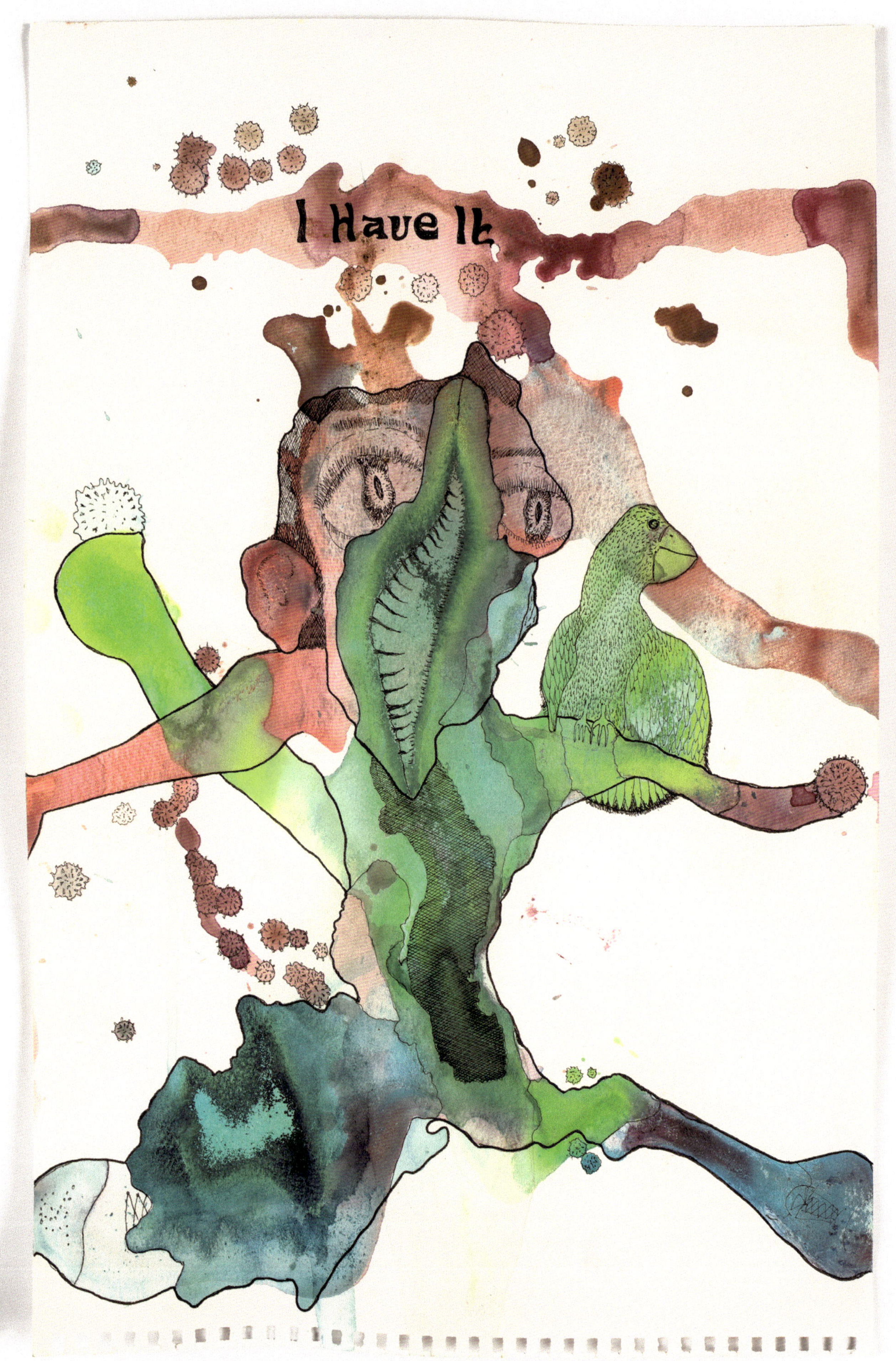

I Have It

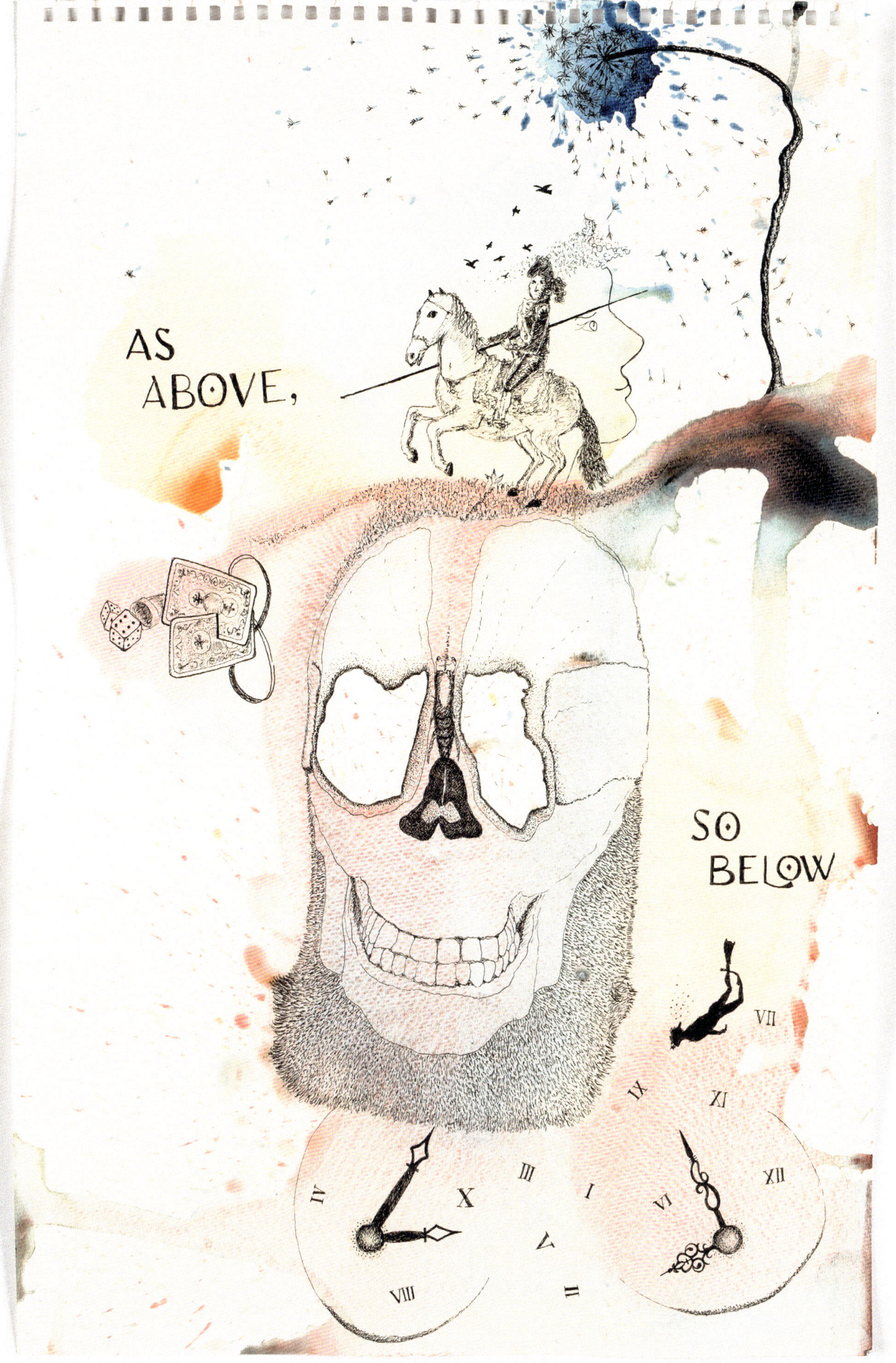

AS
ABOVE,
SO
BELOW

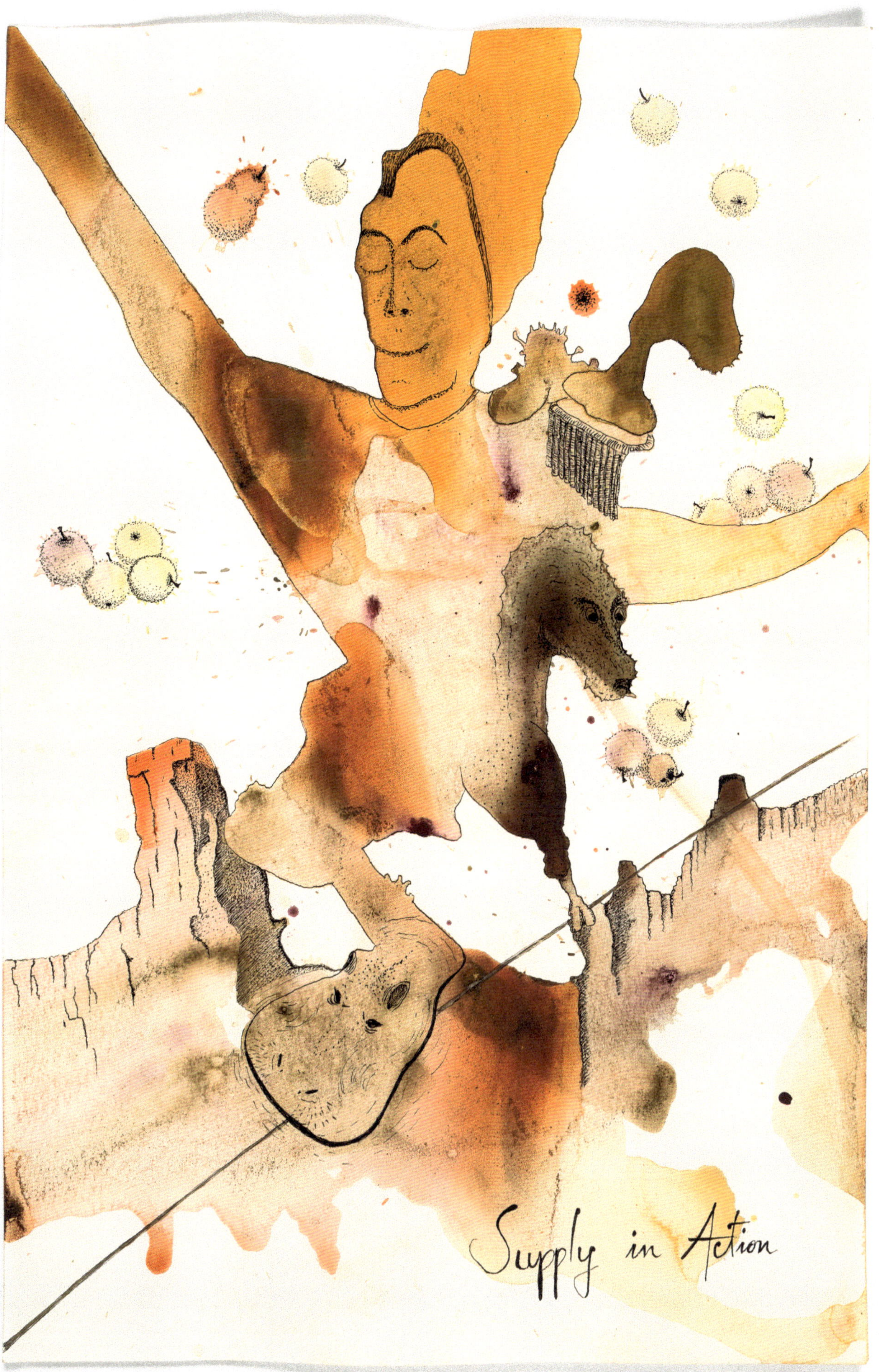

Supply in Action

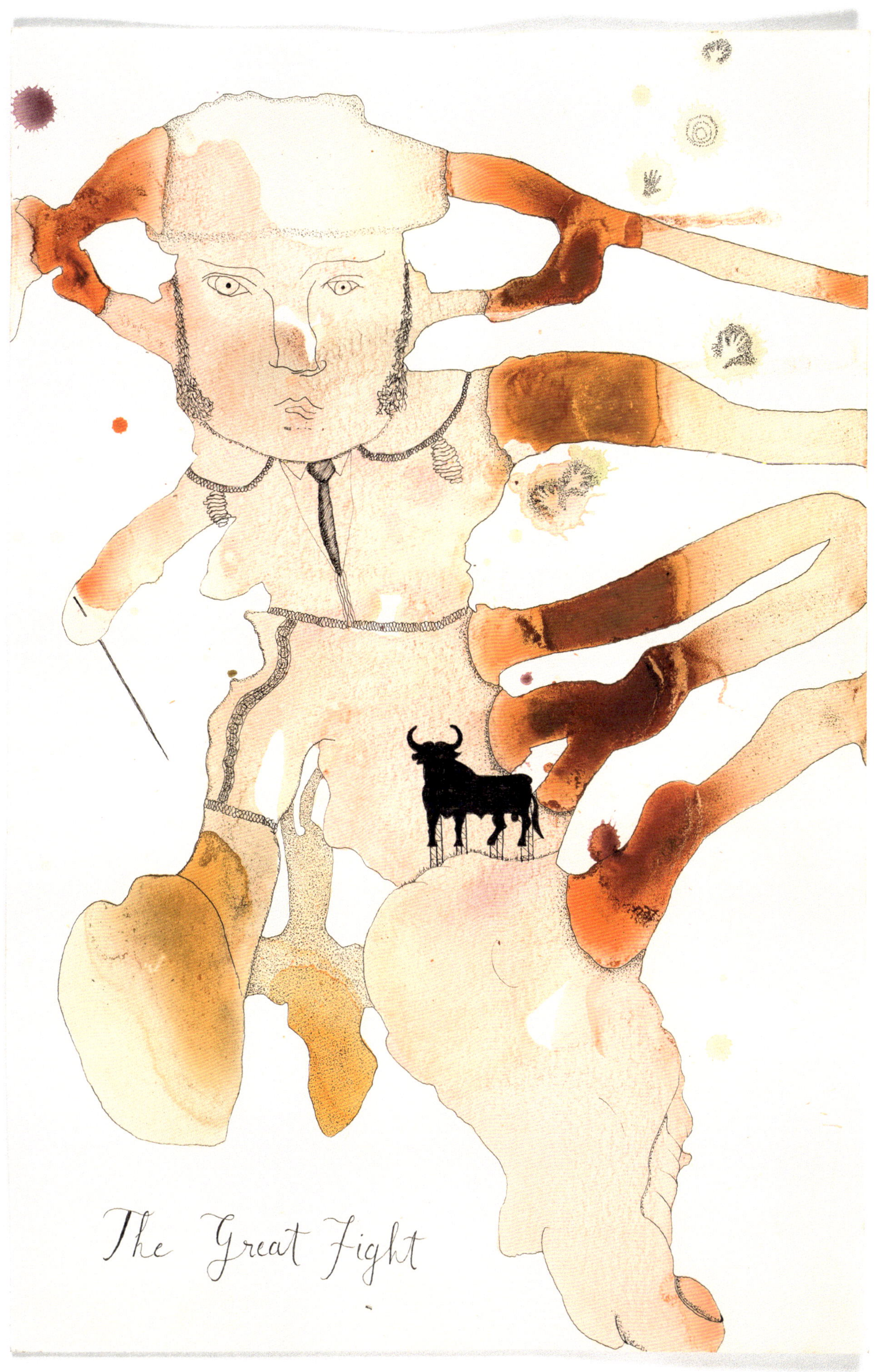

The Great Fight

Myth of the Cave

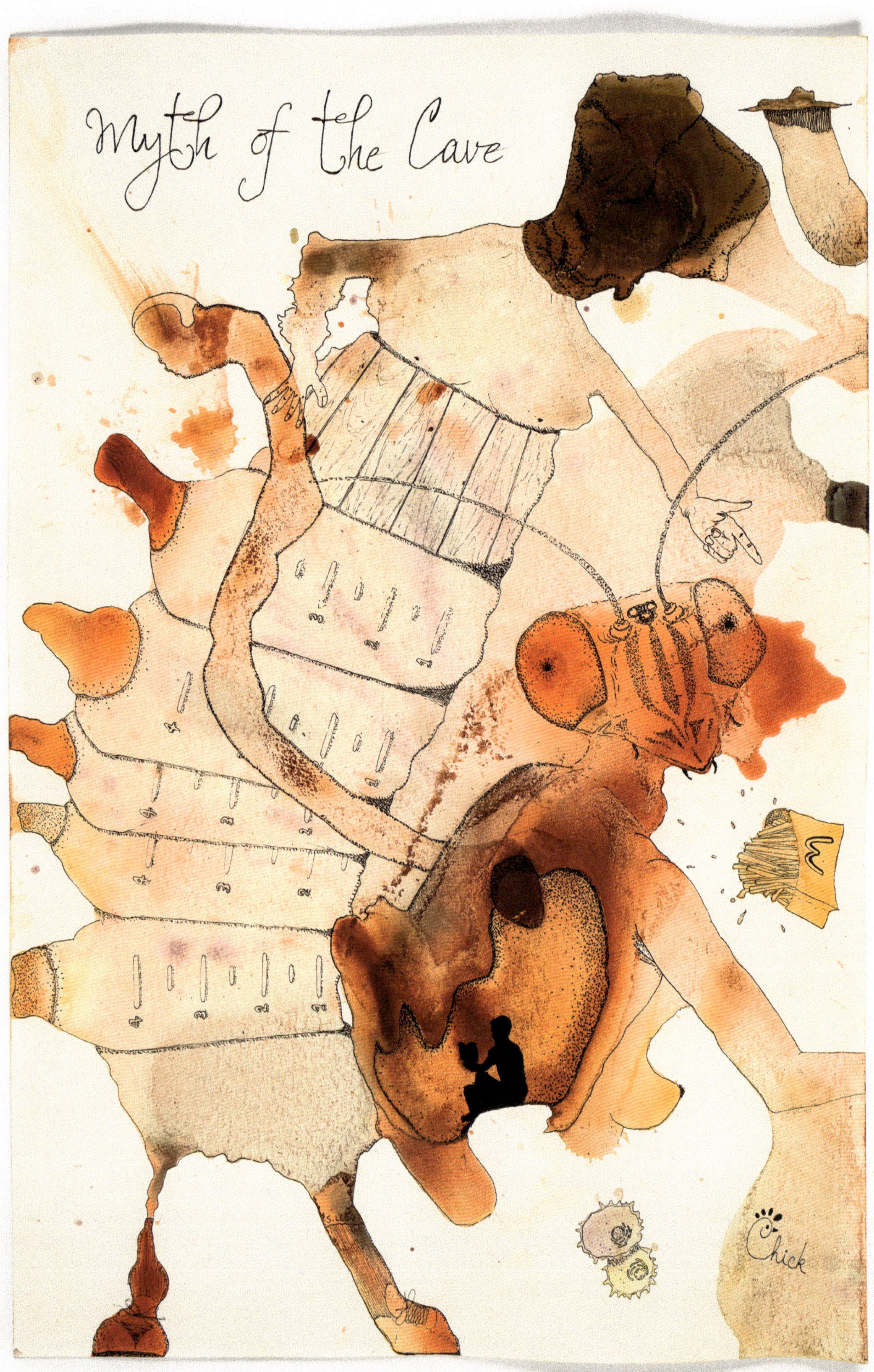

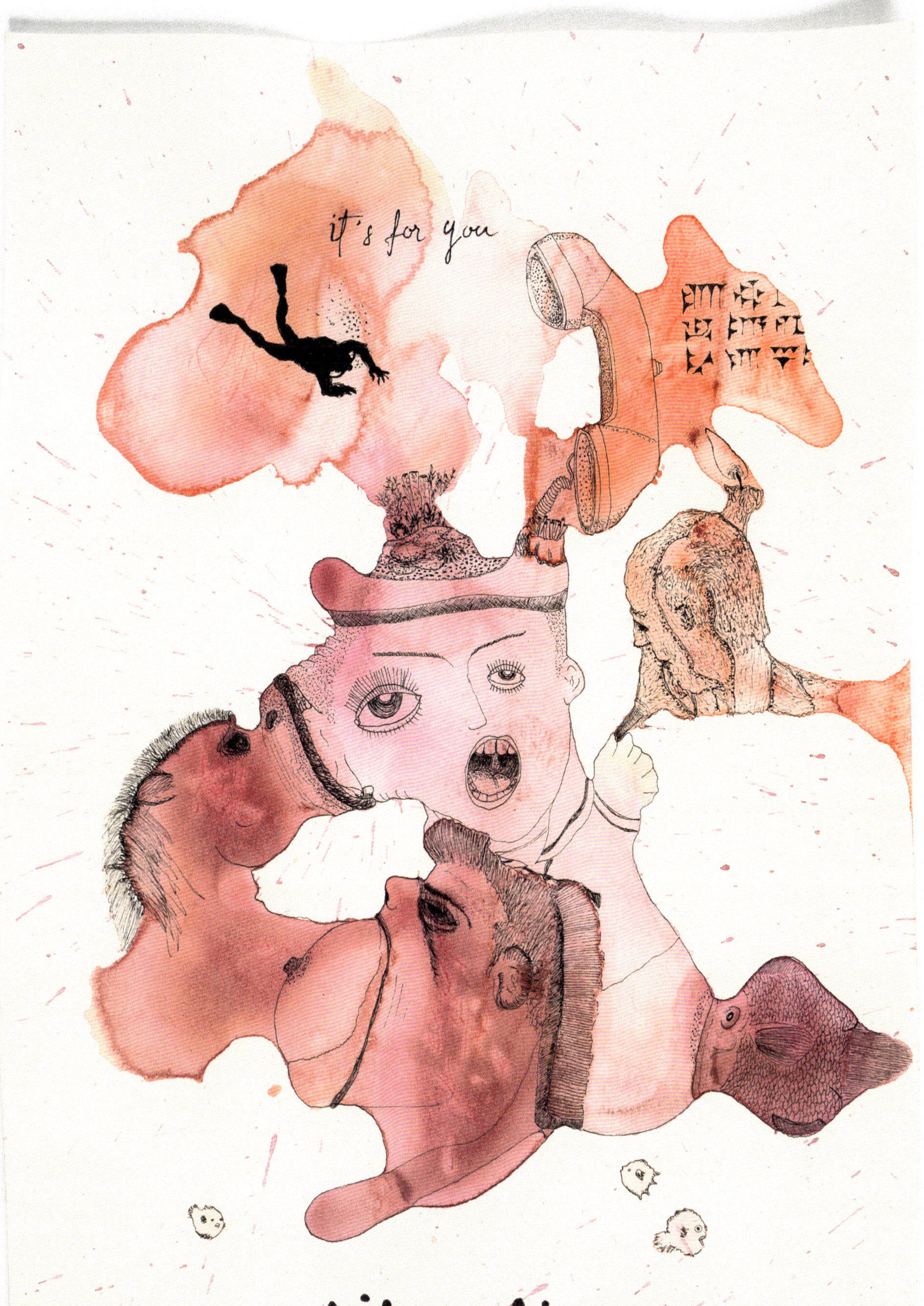

it's for you
LiberaLismo
SaiLor's Limbo

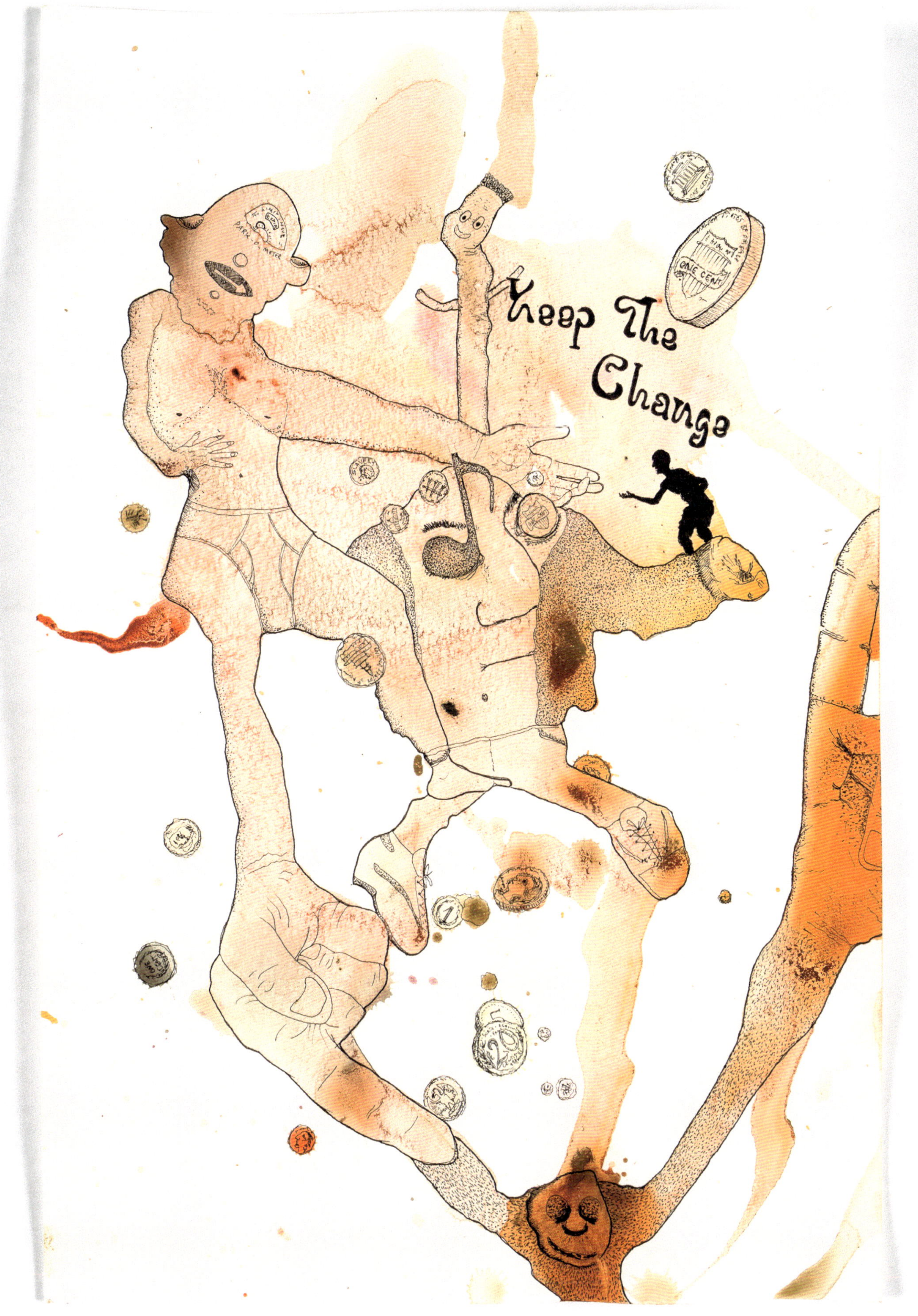

Keep The Change
ONE CENT

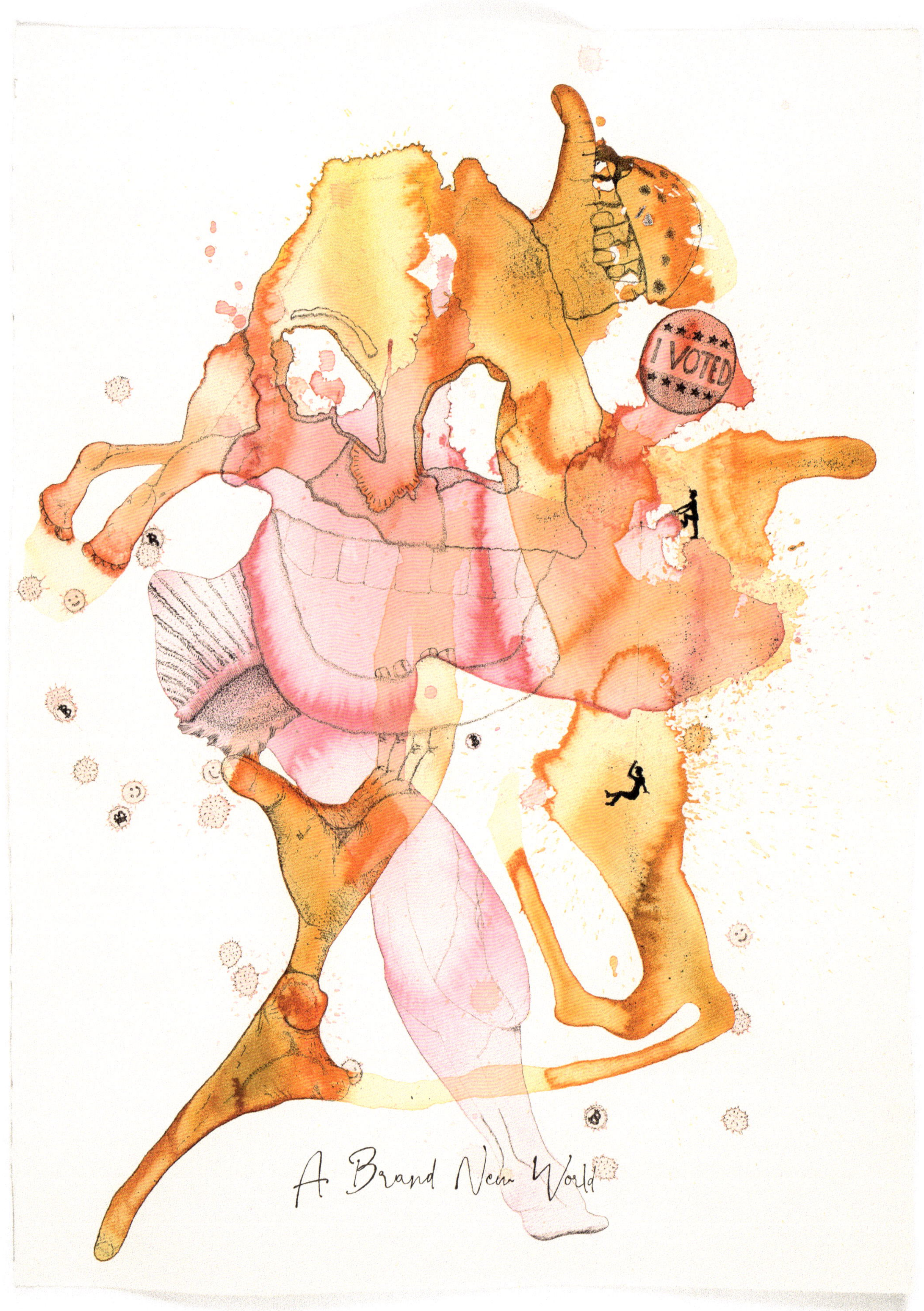

A Brand New World

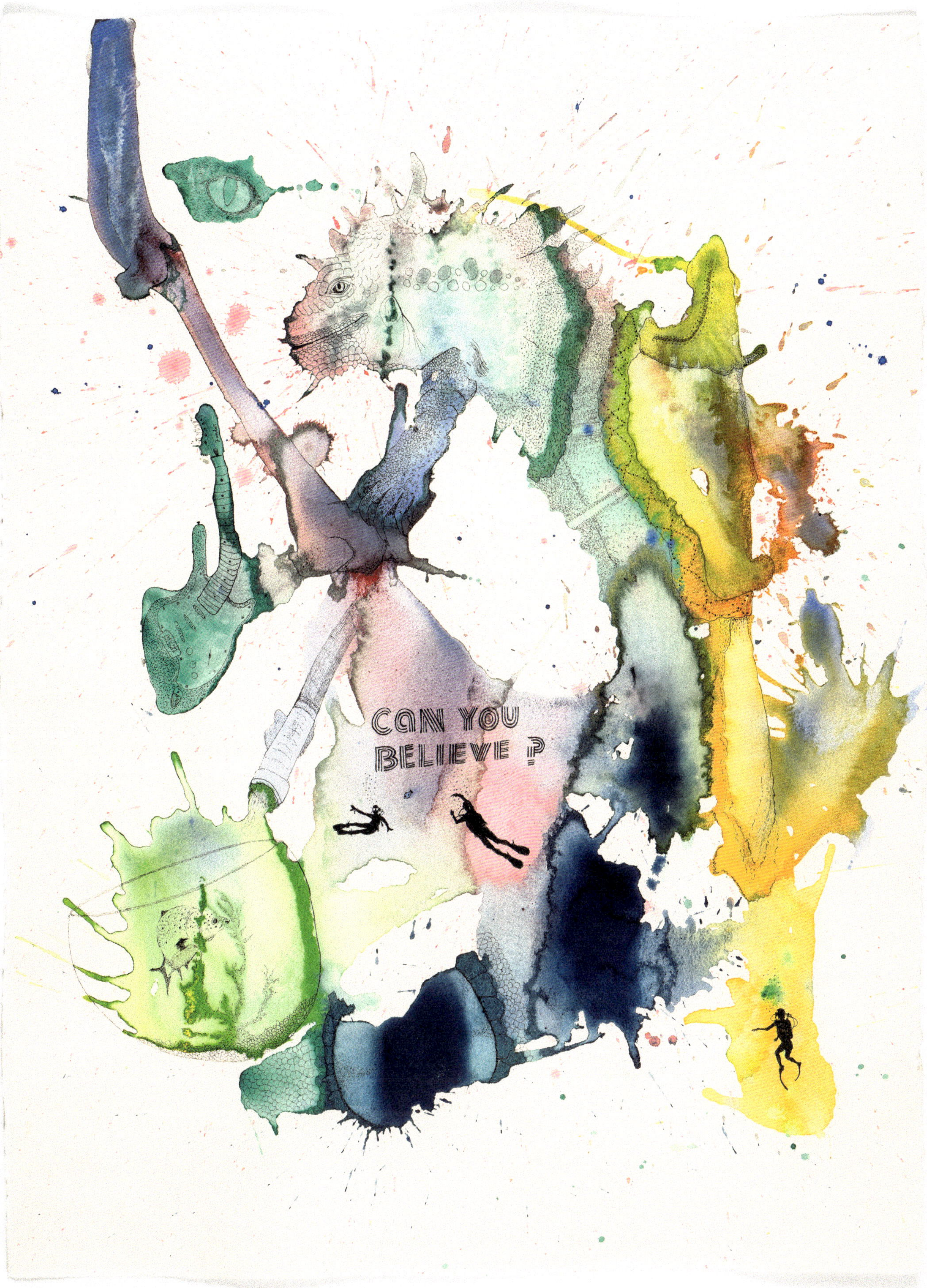
CAN YOU BELIEVE ?

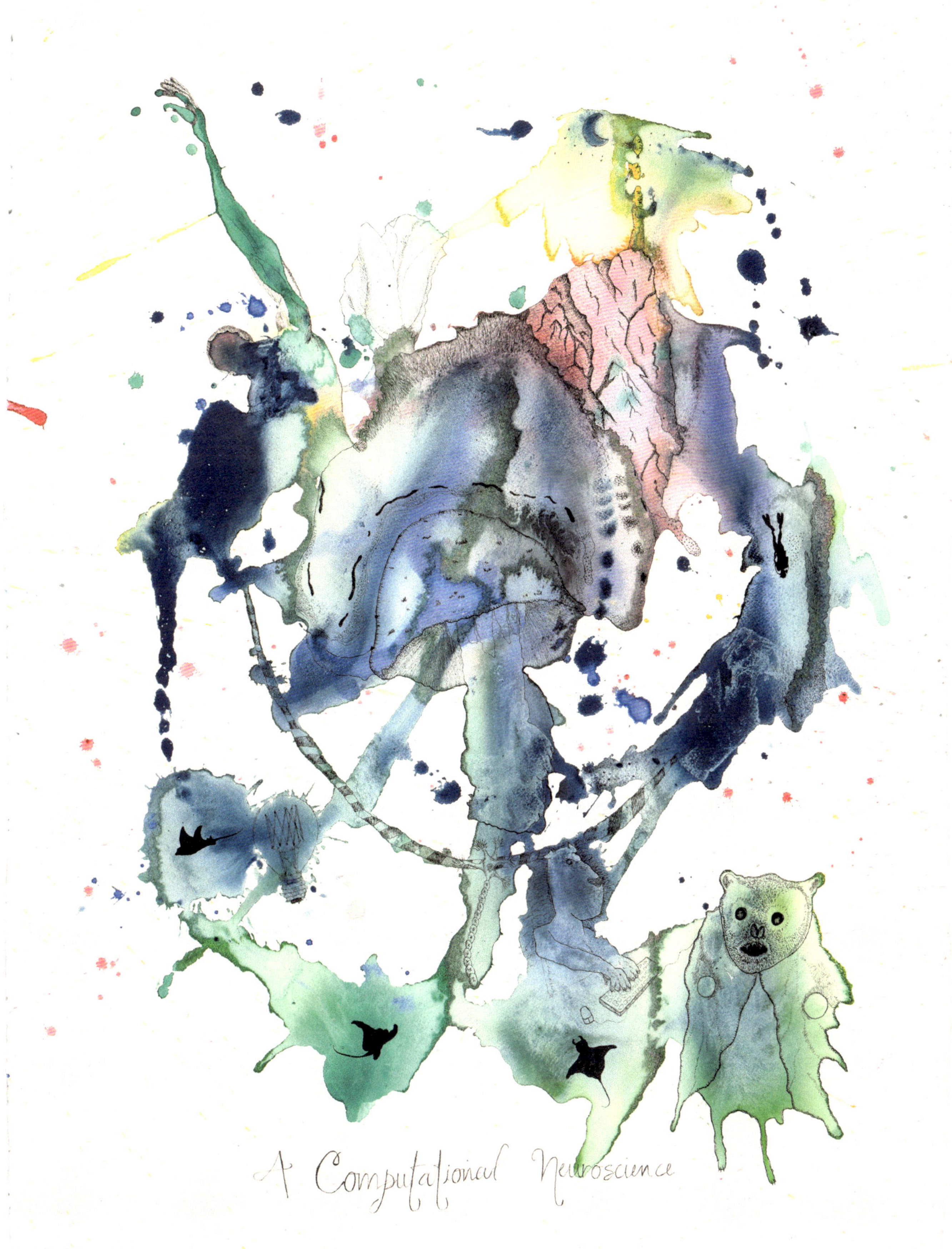

A Computational Neuroscience

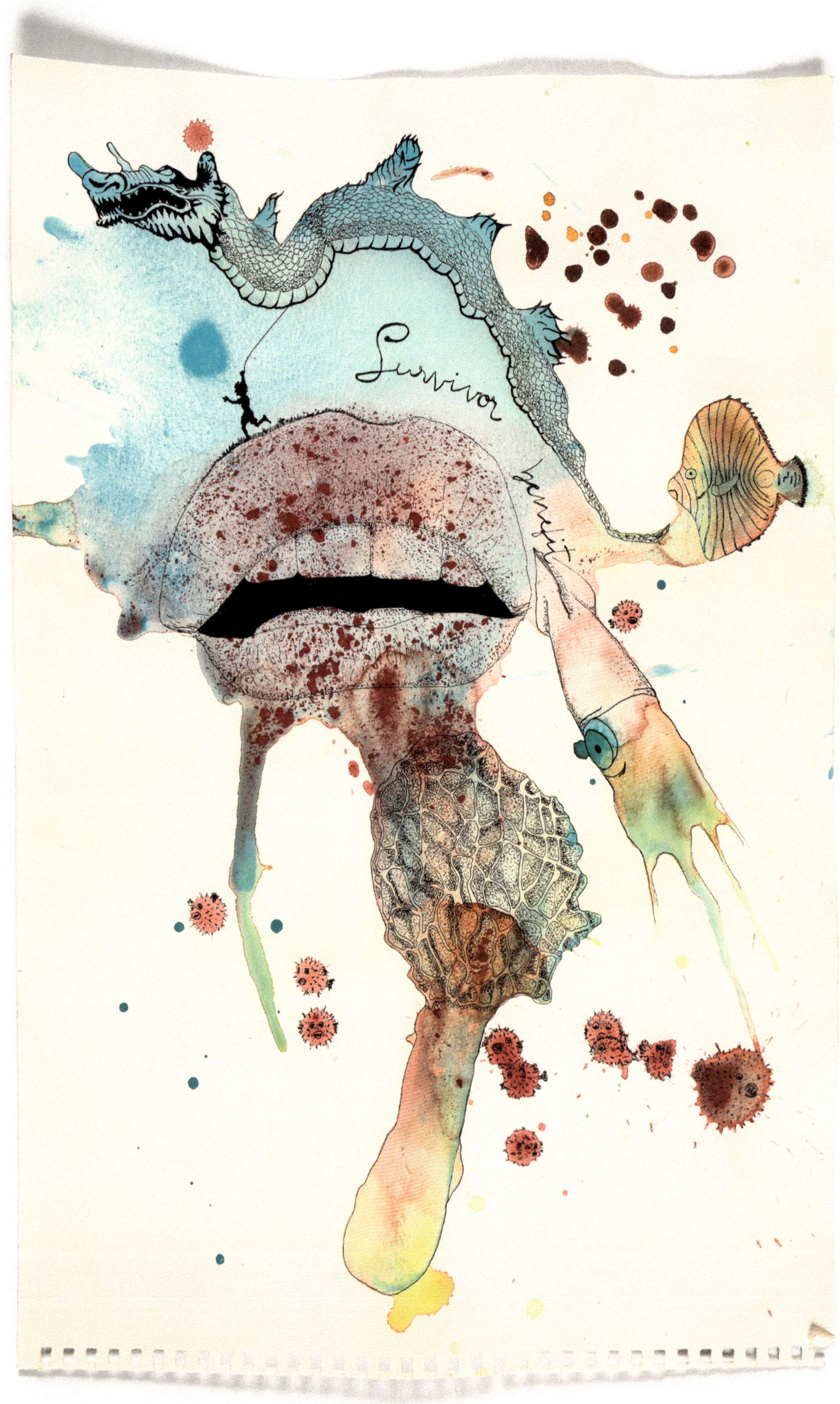
Survivor
benefit

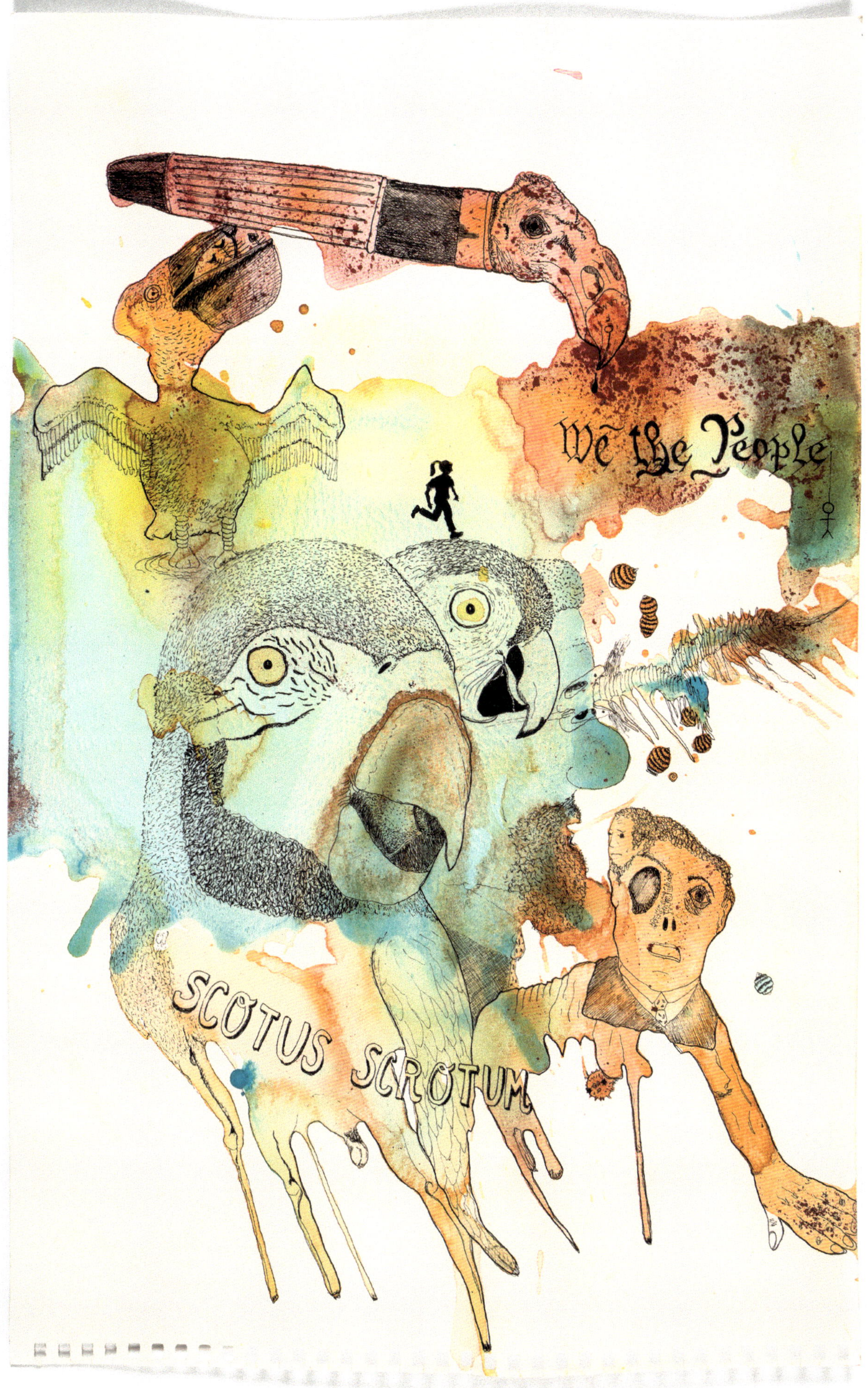

We the People
SCOTUS SCROTUM

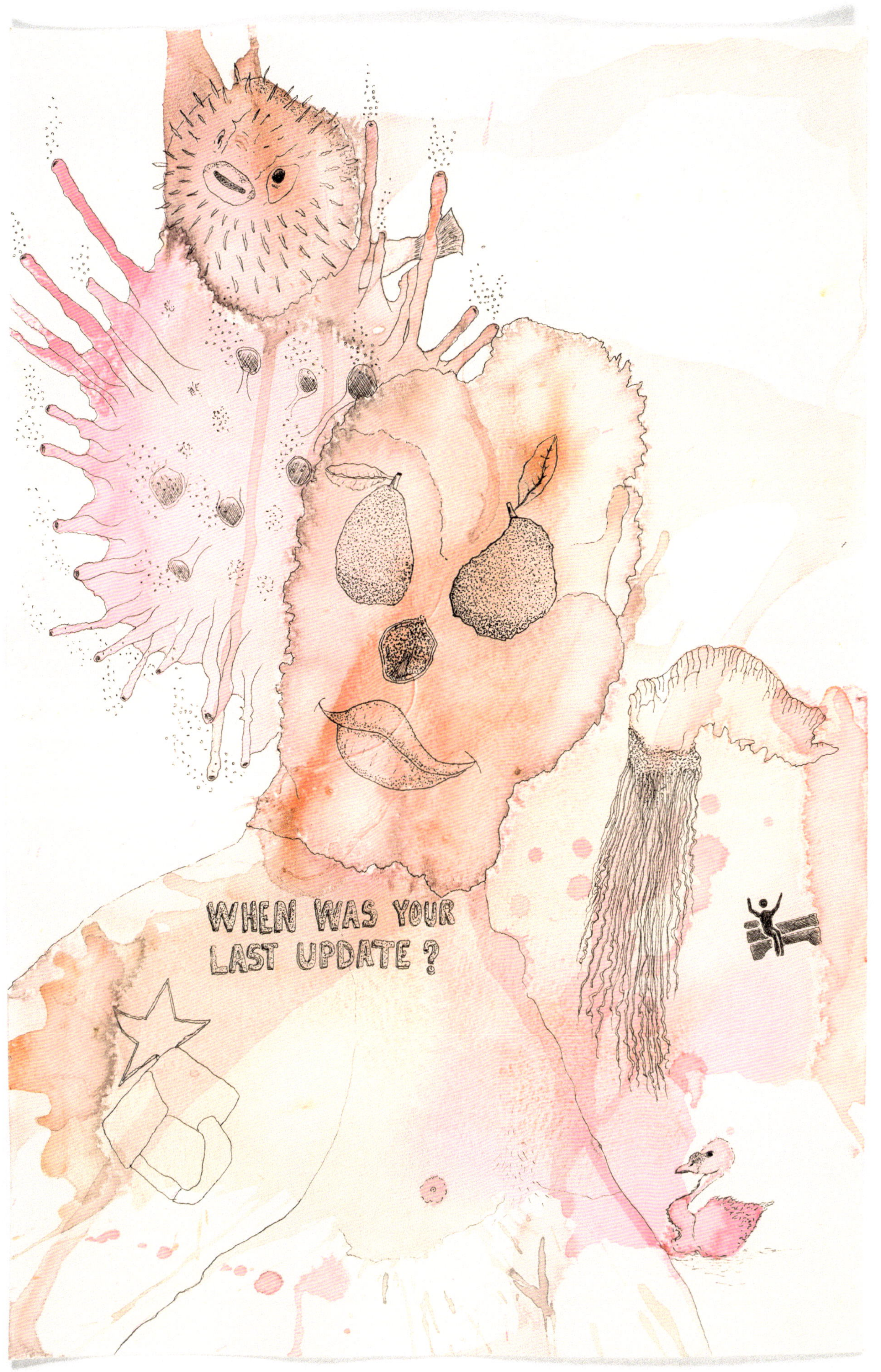

WHEN WAS YOUR
LAST UPDATE ?

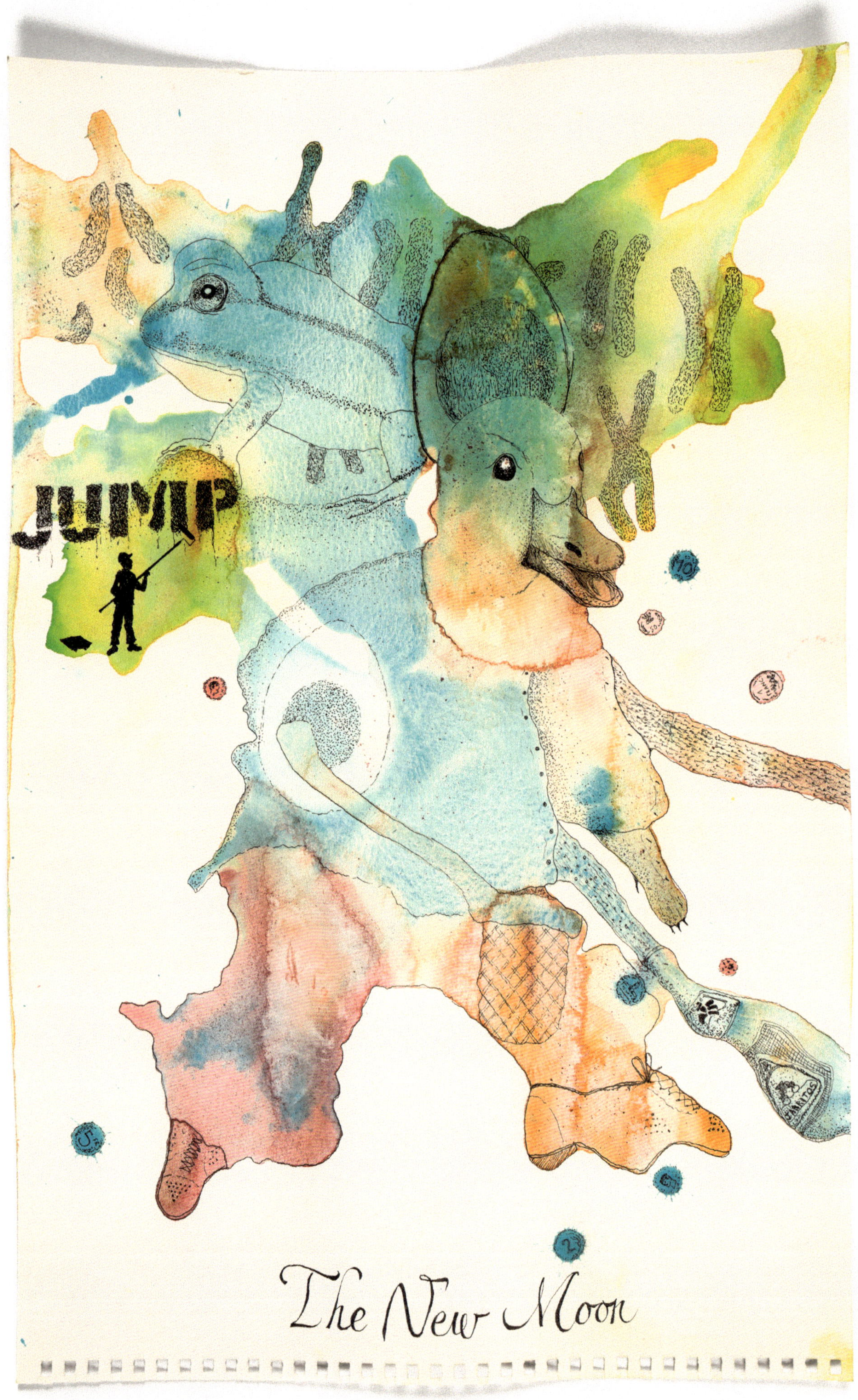

The New Moon

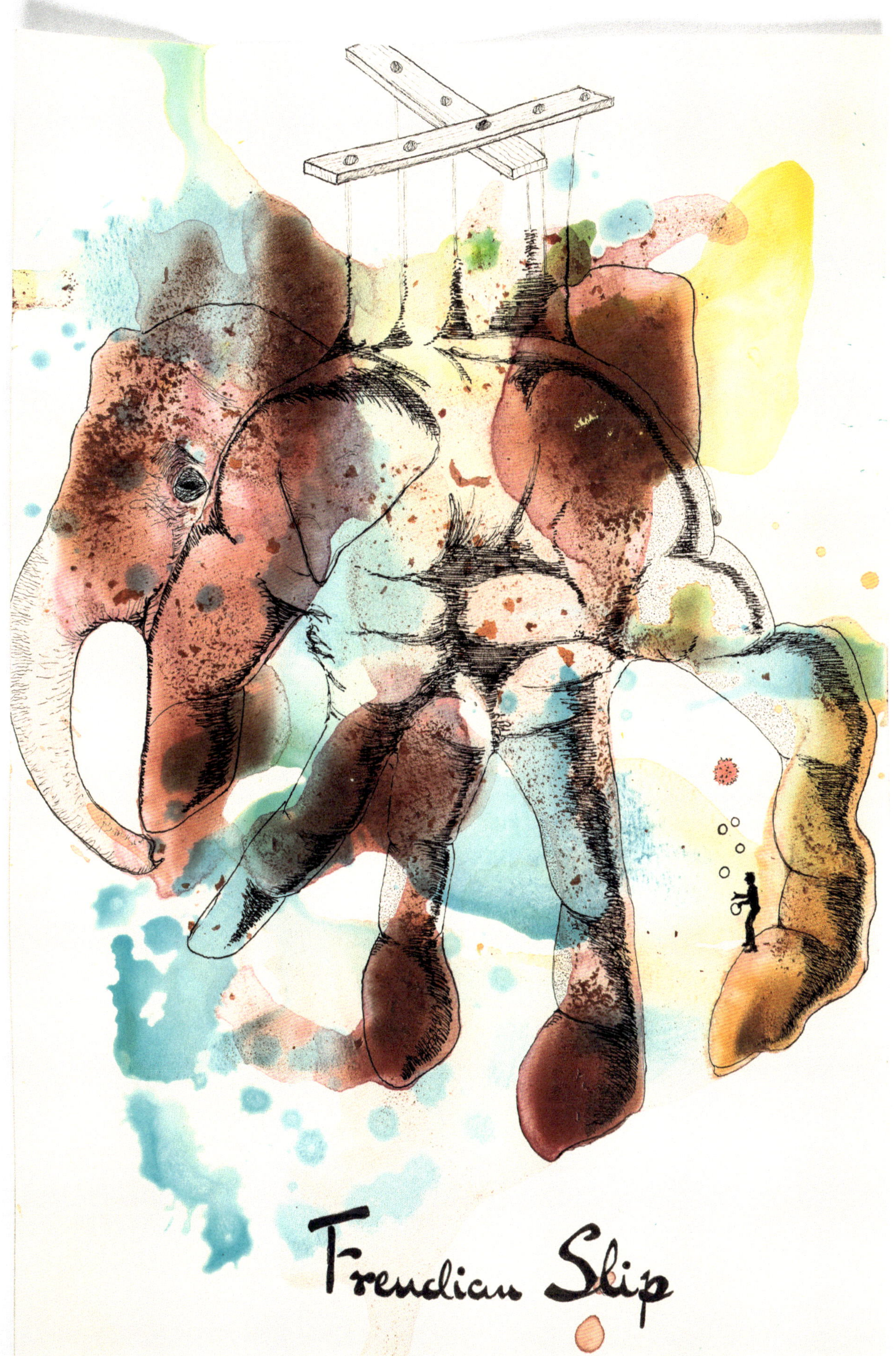

Freudian Slip

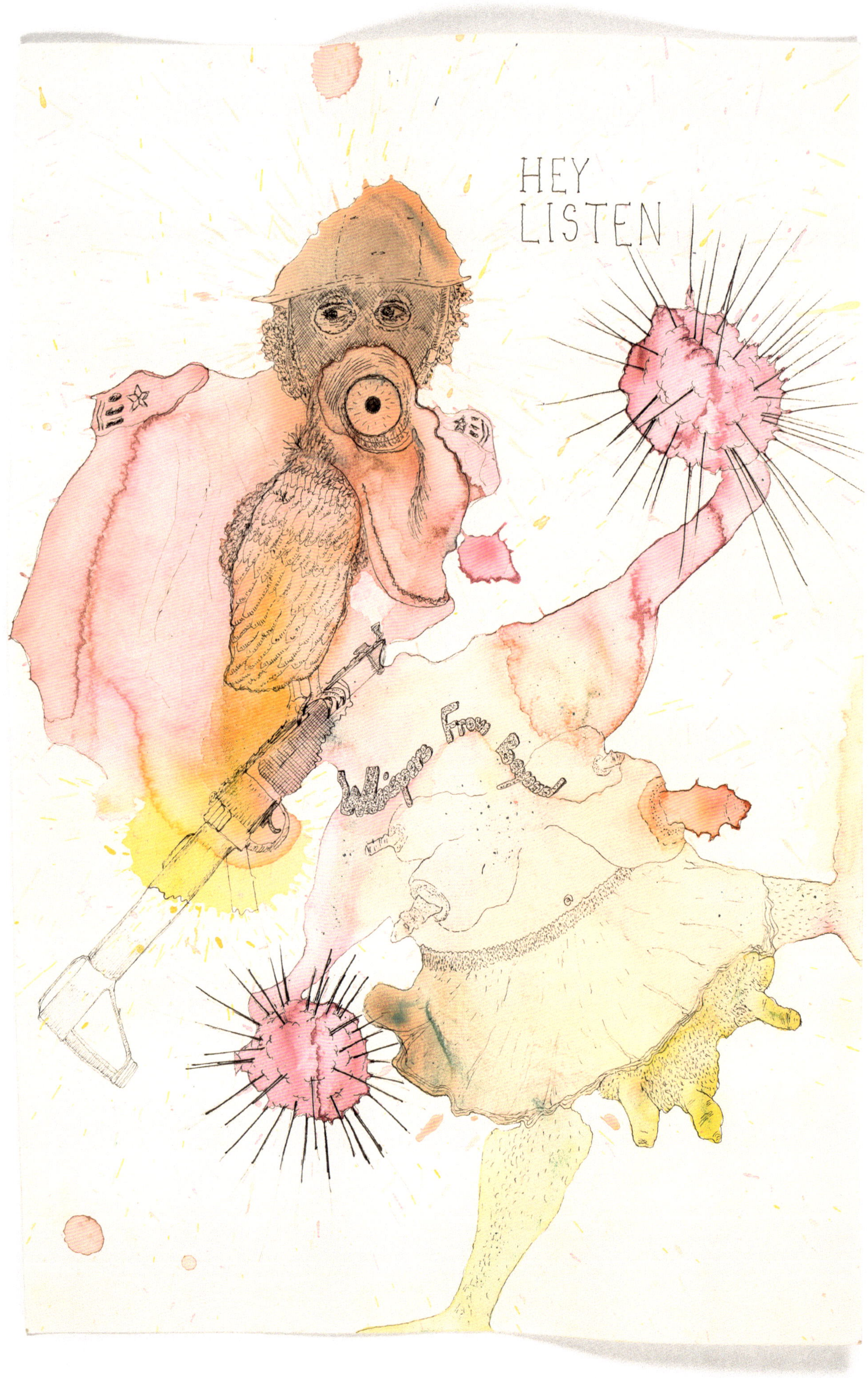

HEY
LISTEN
Whispers From Beyond

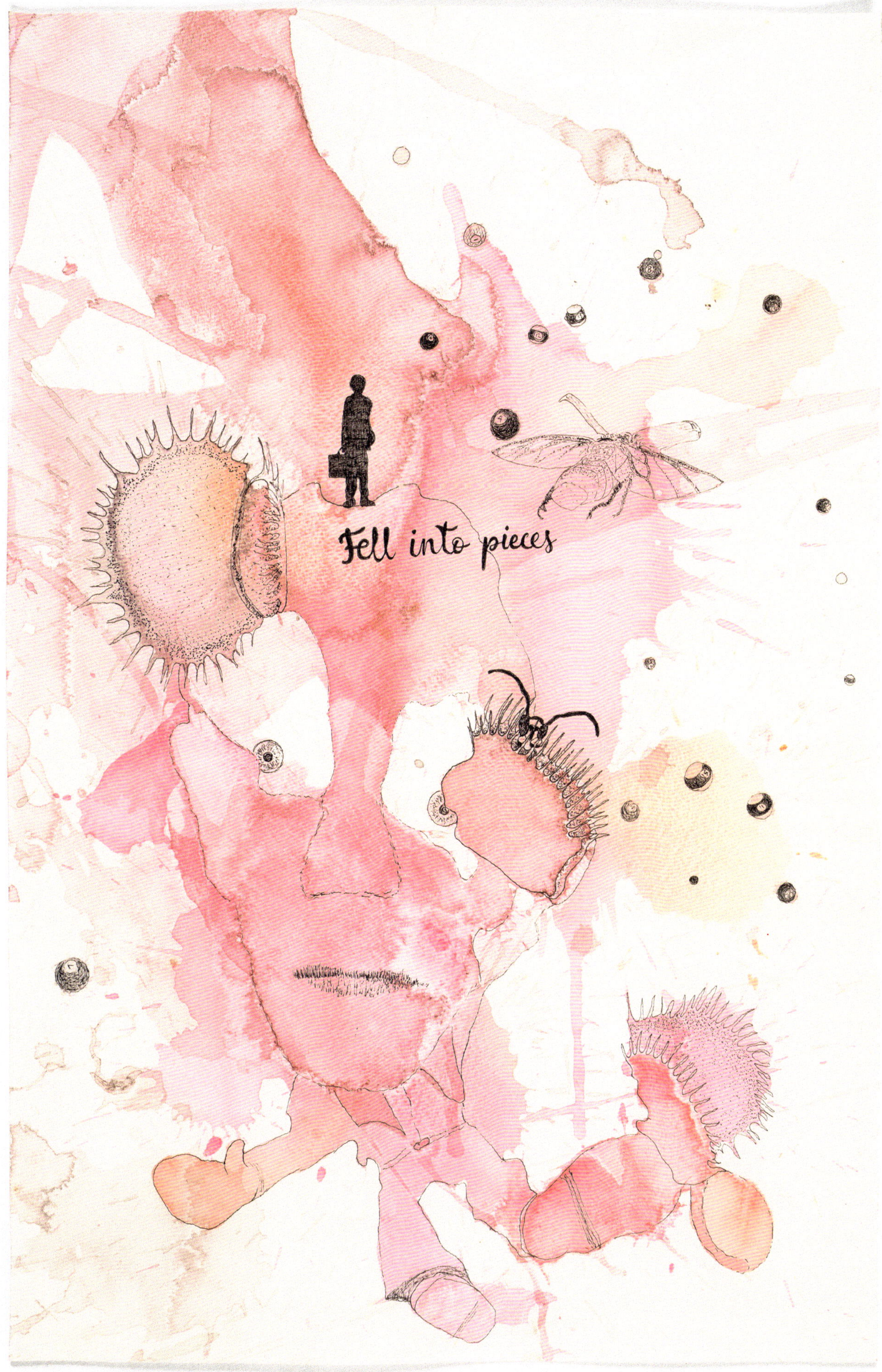
Fell into pieces

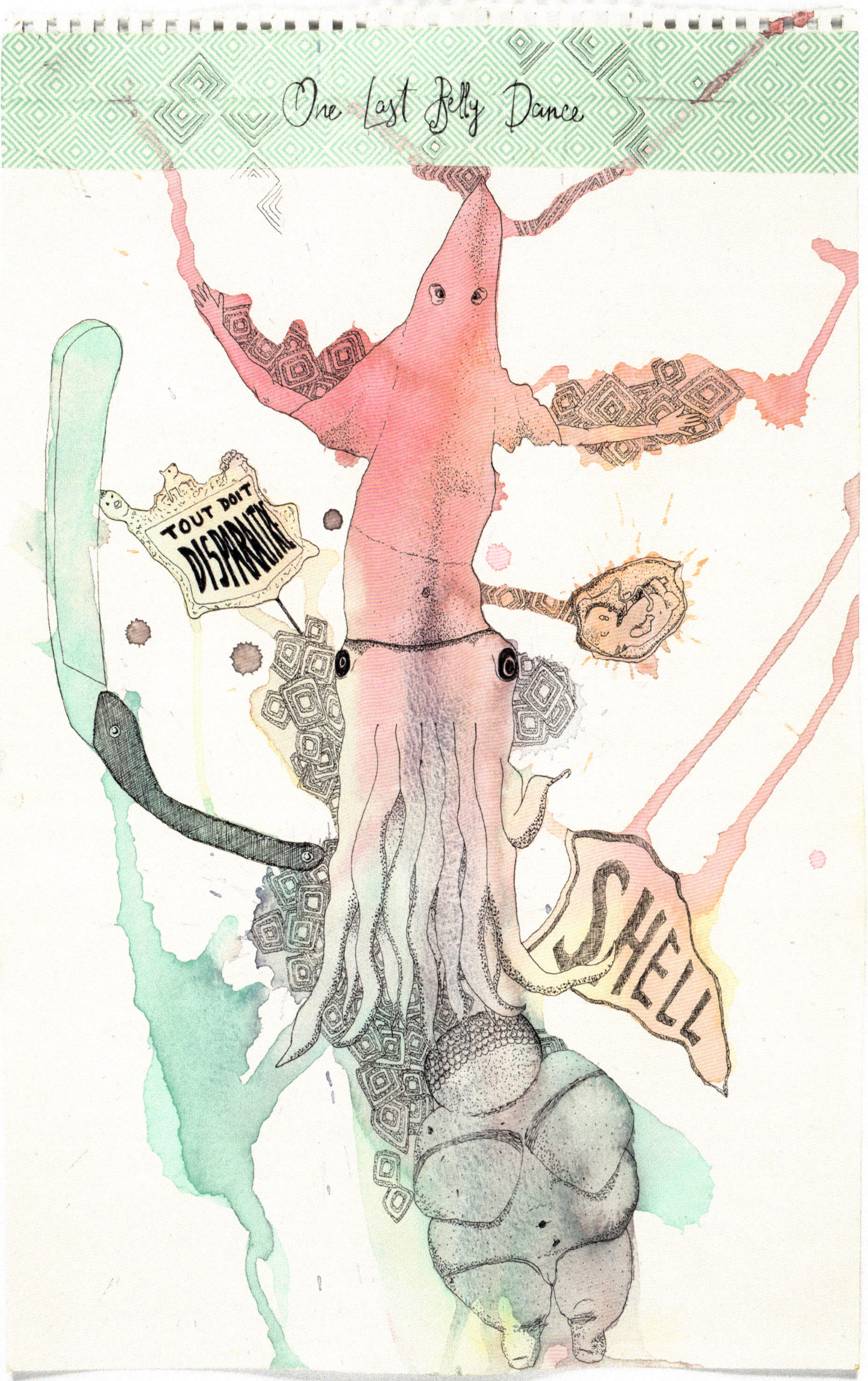

One Last Jelly Dance
TOUT DOIT DISPARAITRE
SHELL

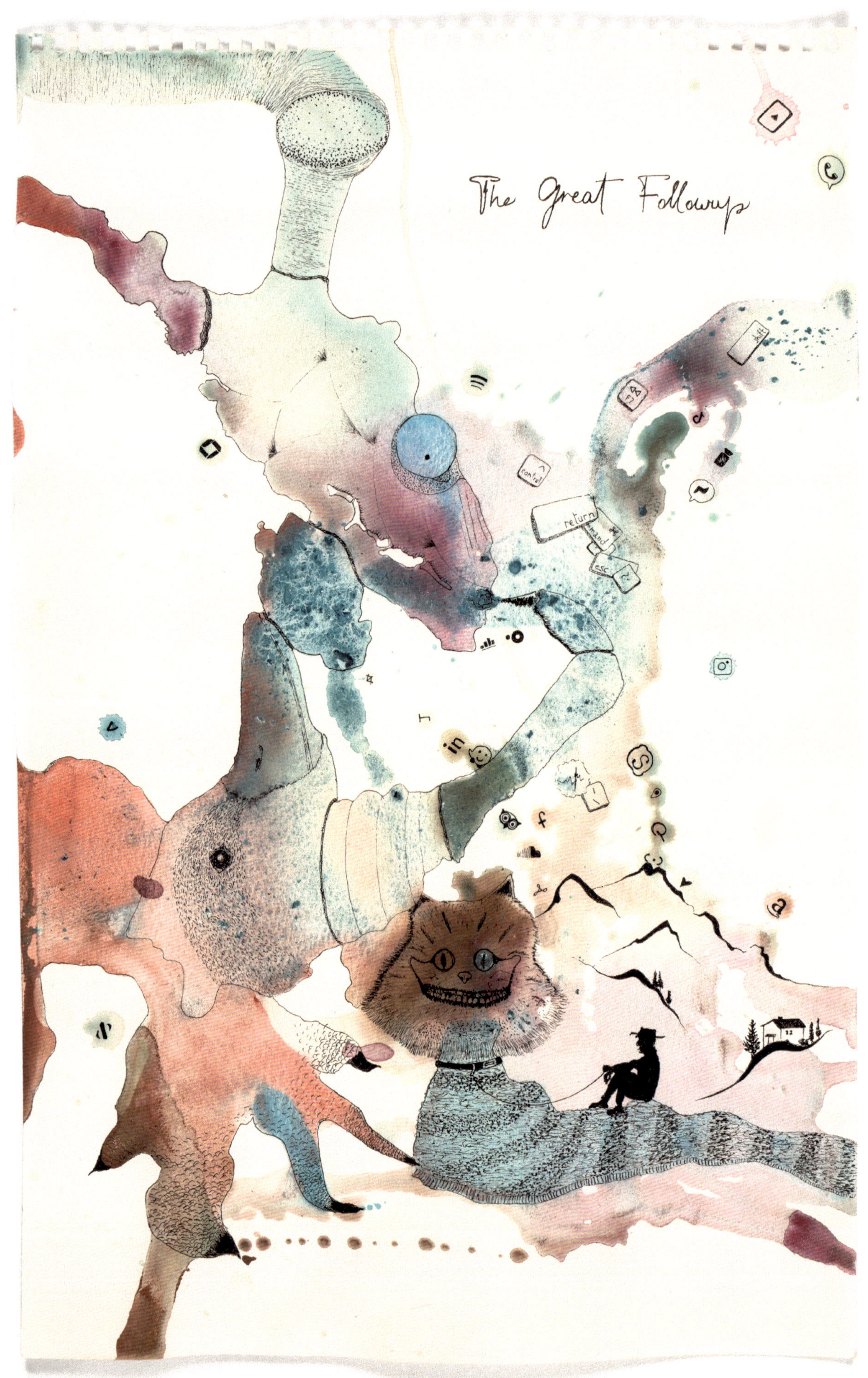
The Great Followup

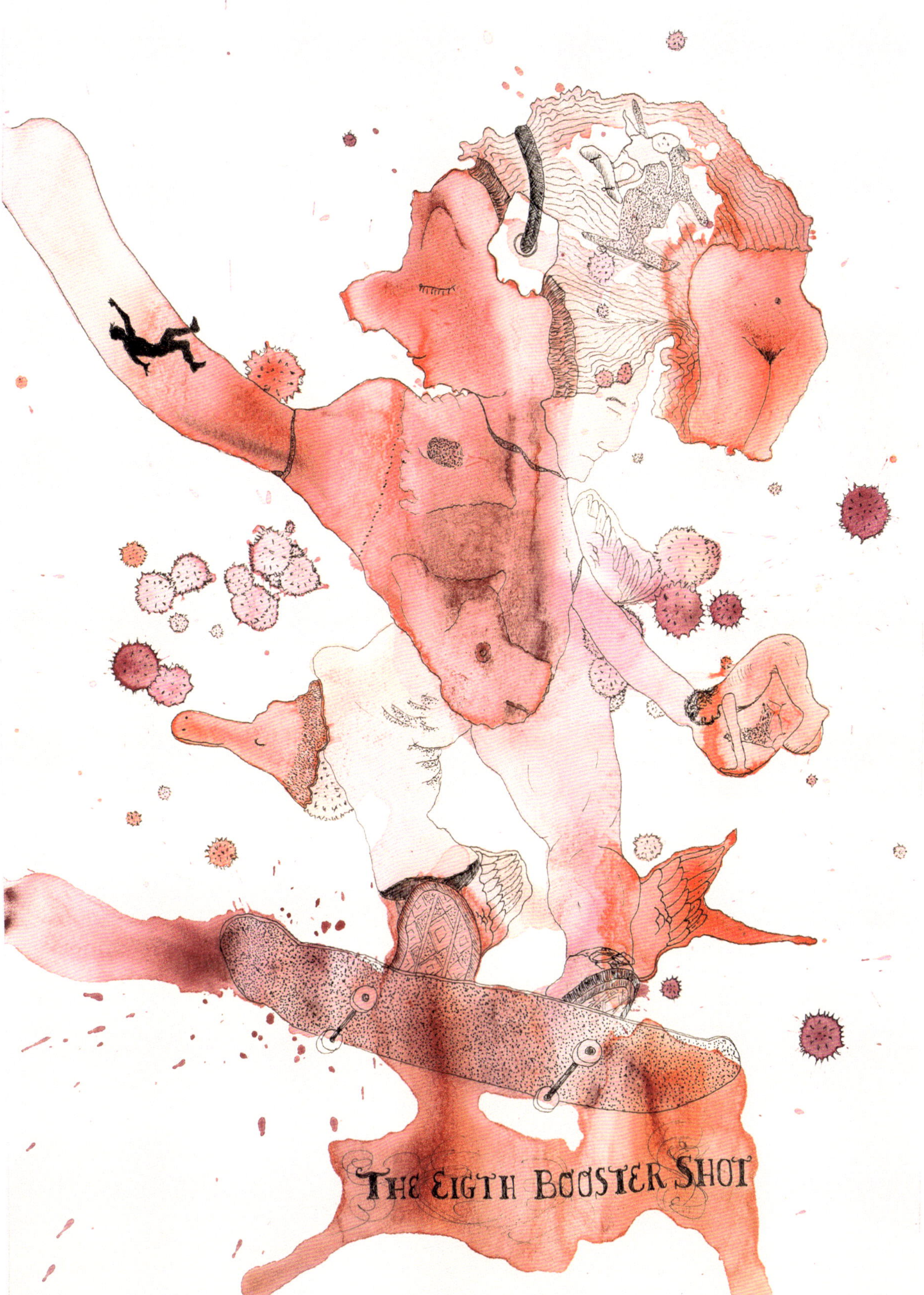

THE EIGTH BOOSTER SHOT

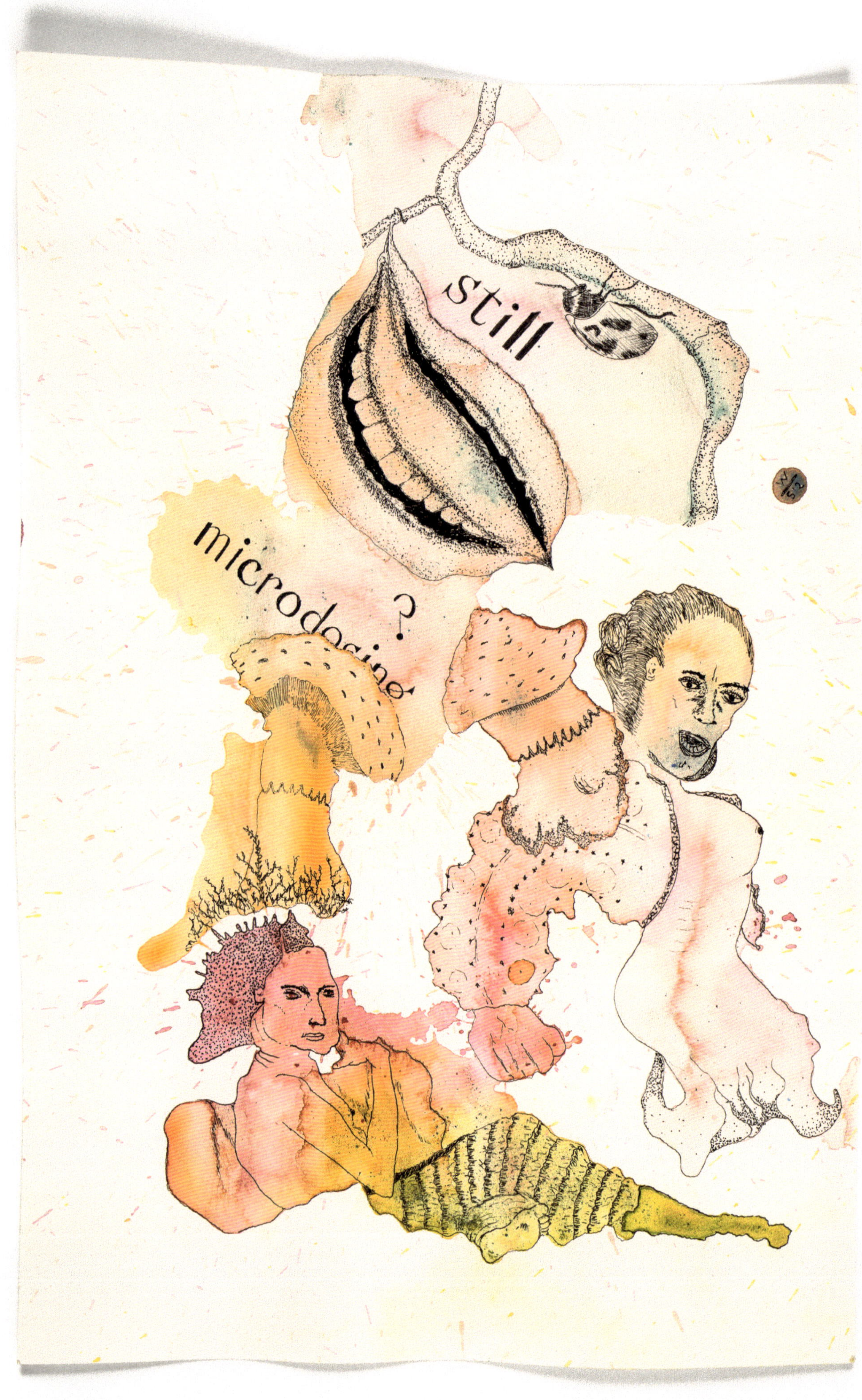
still
microdosing
?

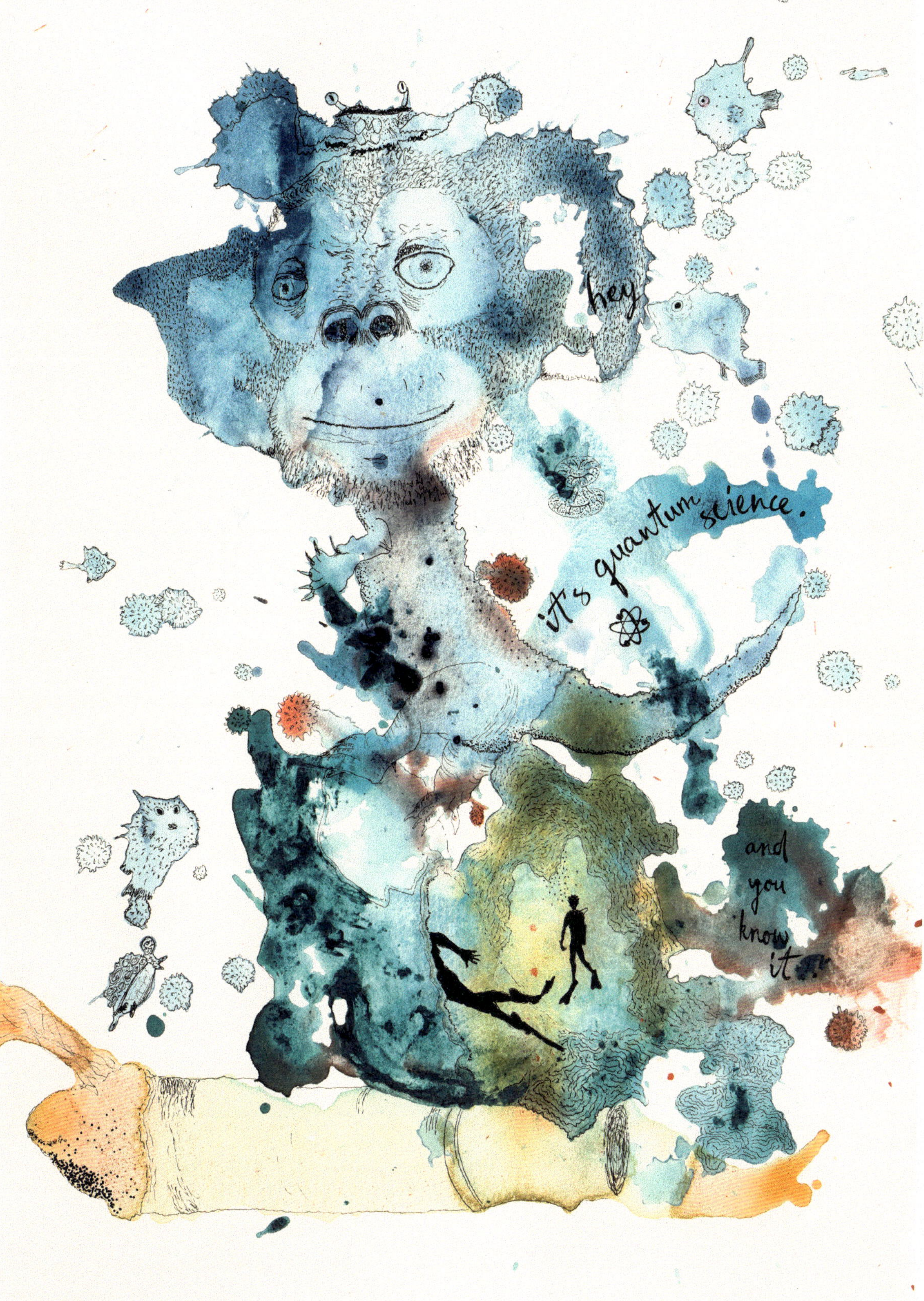

hey
it's quantum science.
and you know it

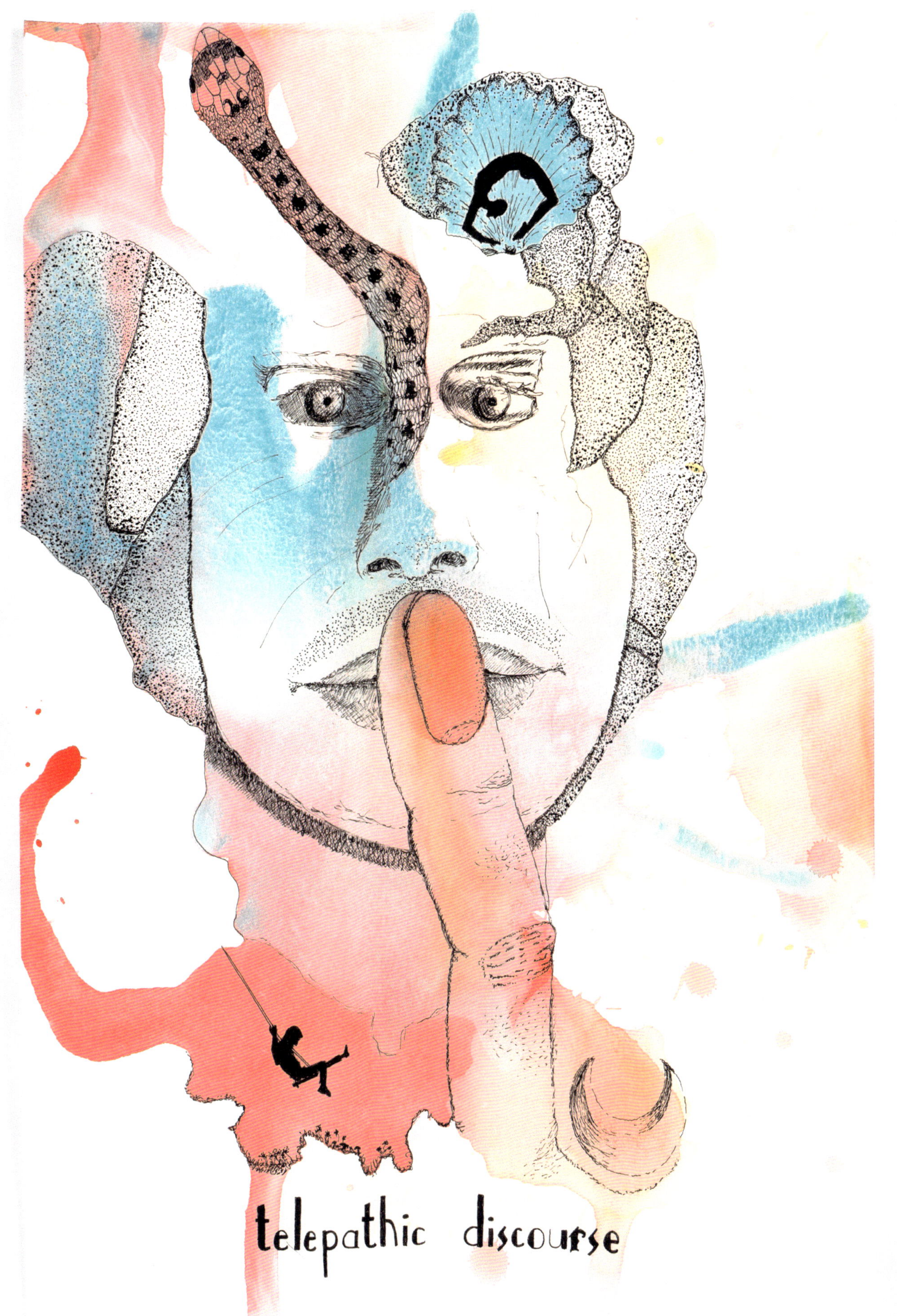

telepathic discourse

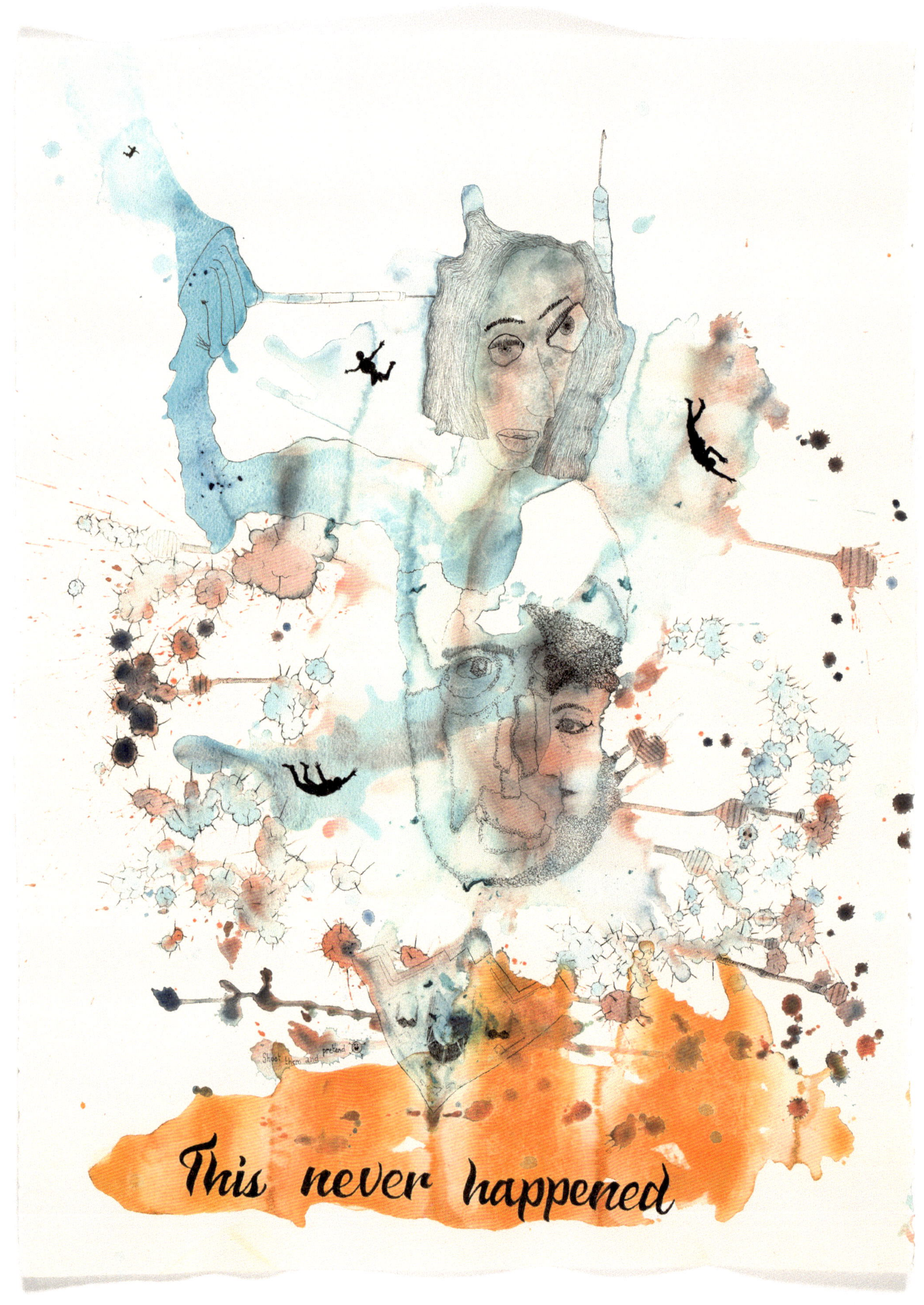
Shoot them and pretend
This never happened

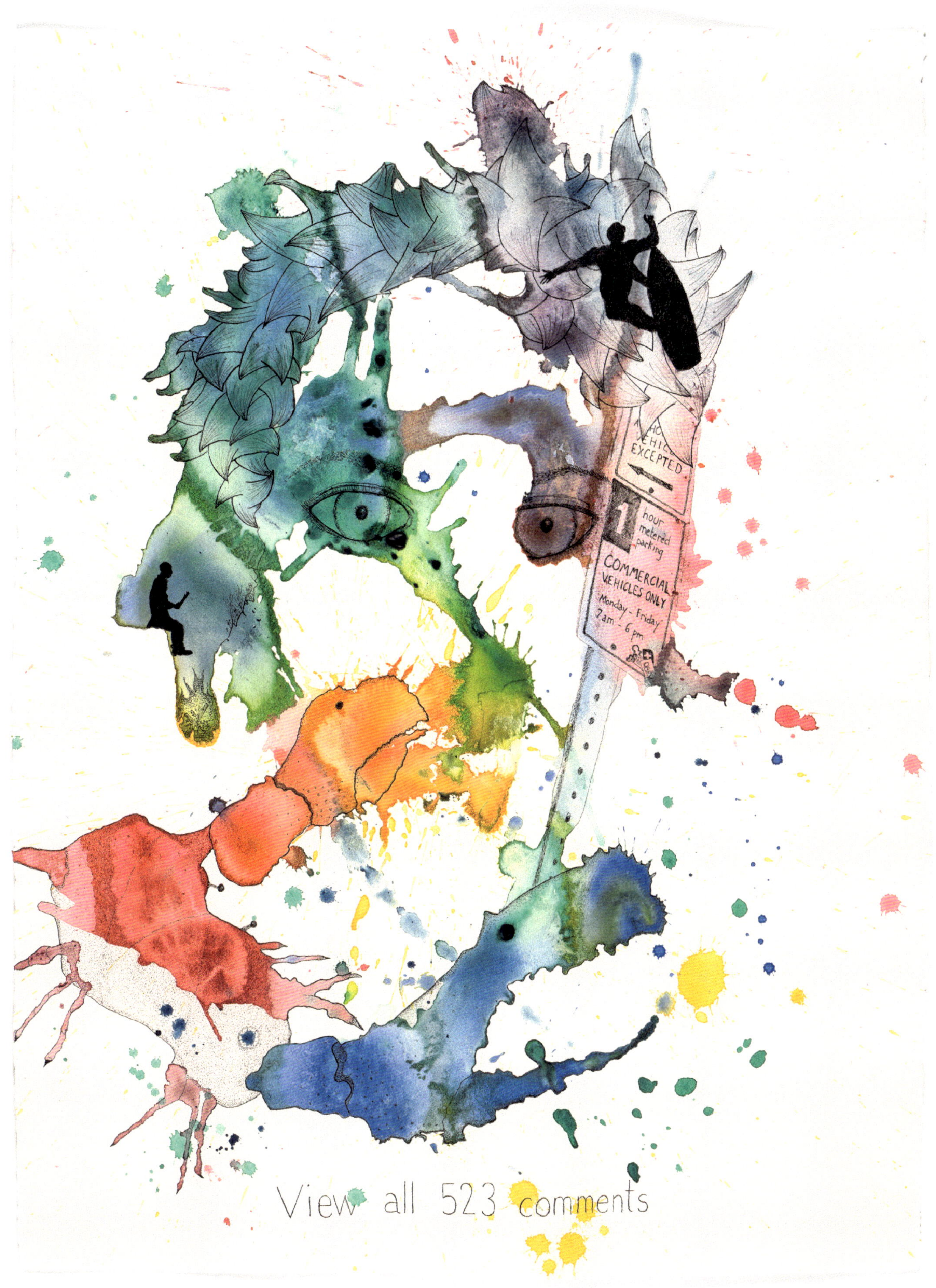
HO
VEHIC
EXCEPTED
1 hour metered parking
COMMERCIAL
VEHICLES ONLY
Monday - Friday
7 am - 6 pm
View all 523 comments

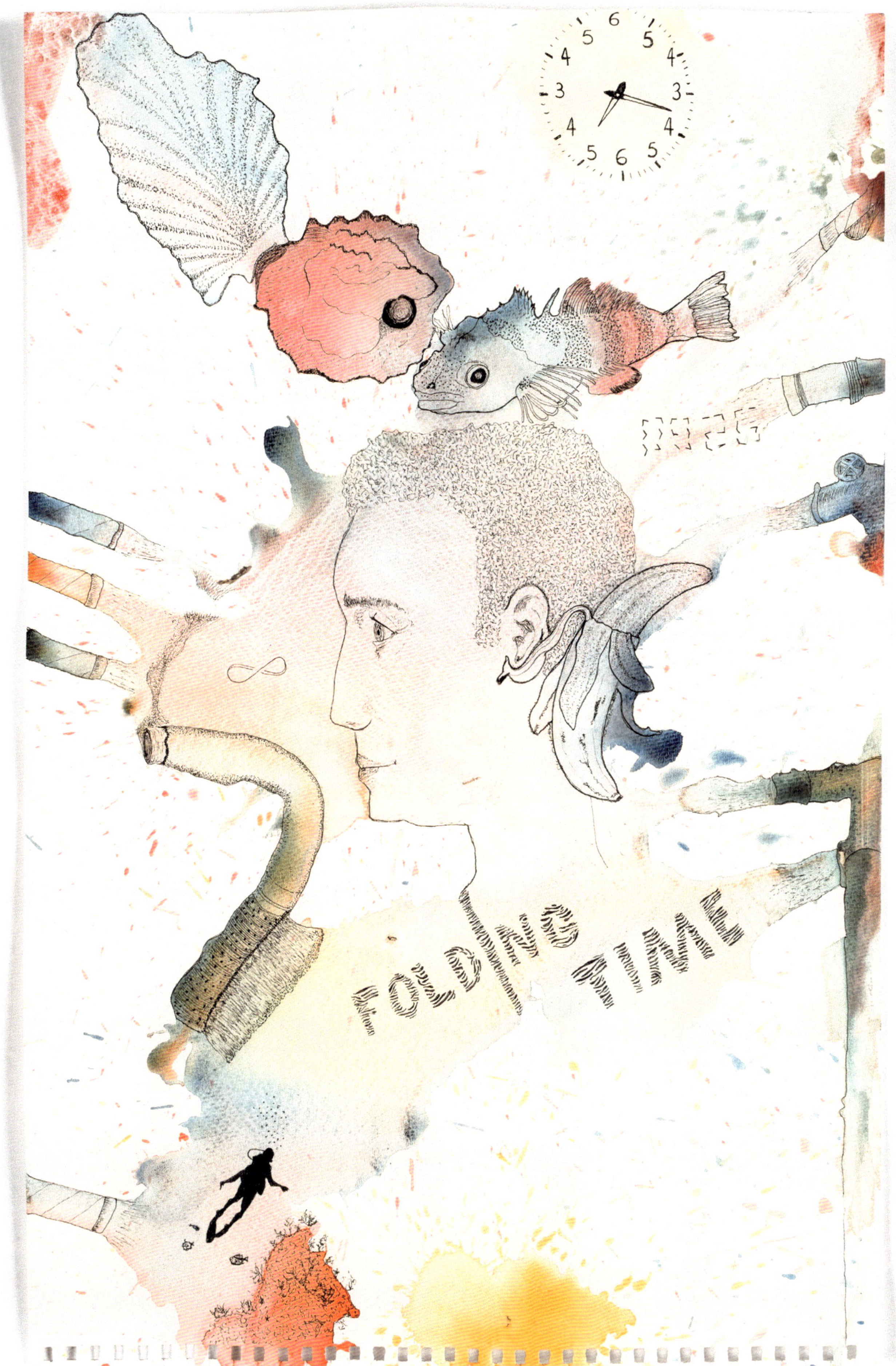

FOLDING TIME

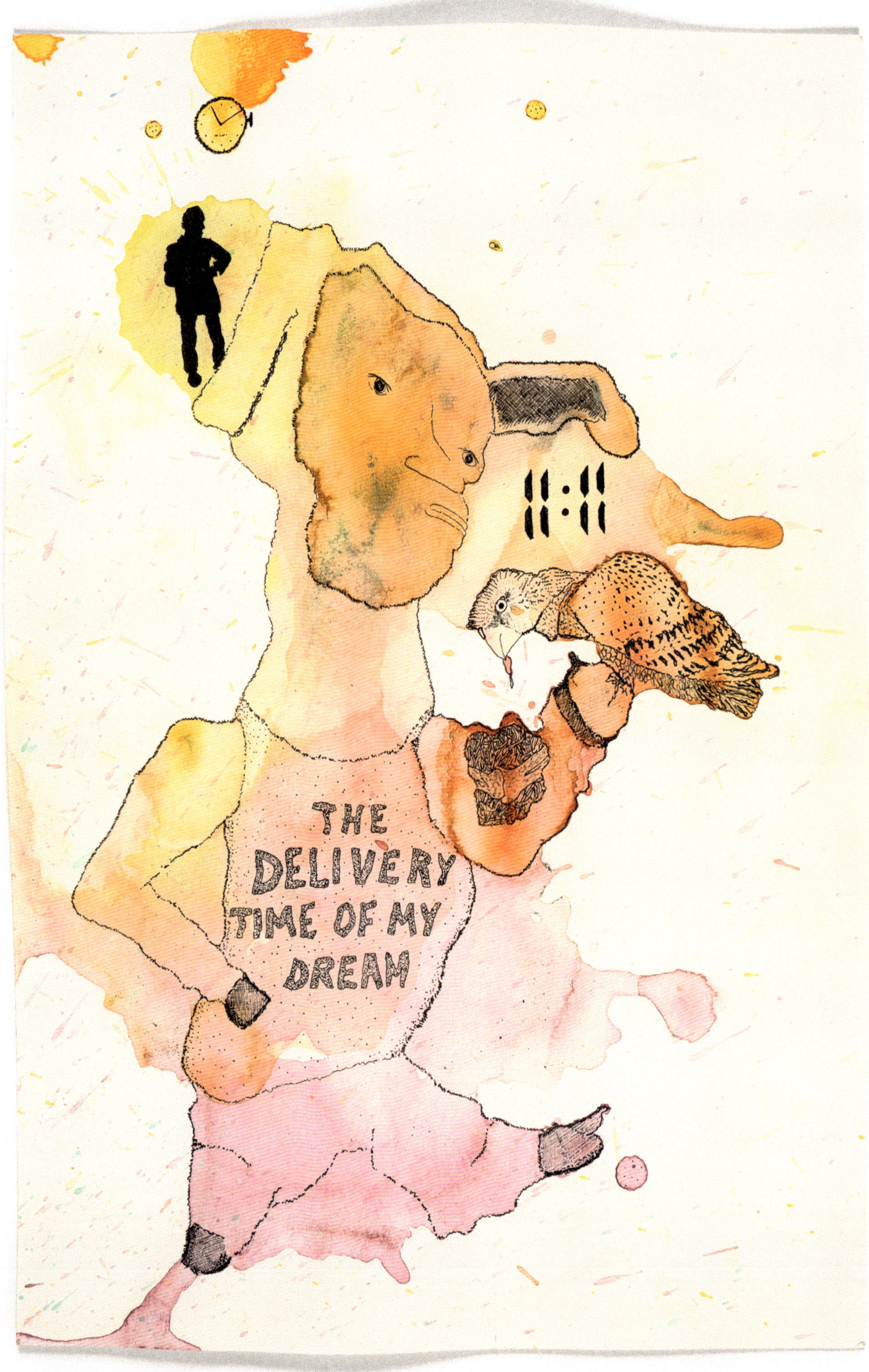

11:11
THE
DELIVERY
TIME OF MY
DREAM

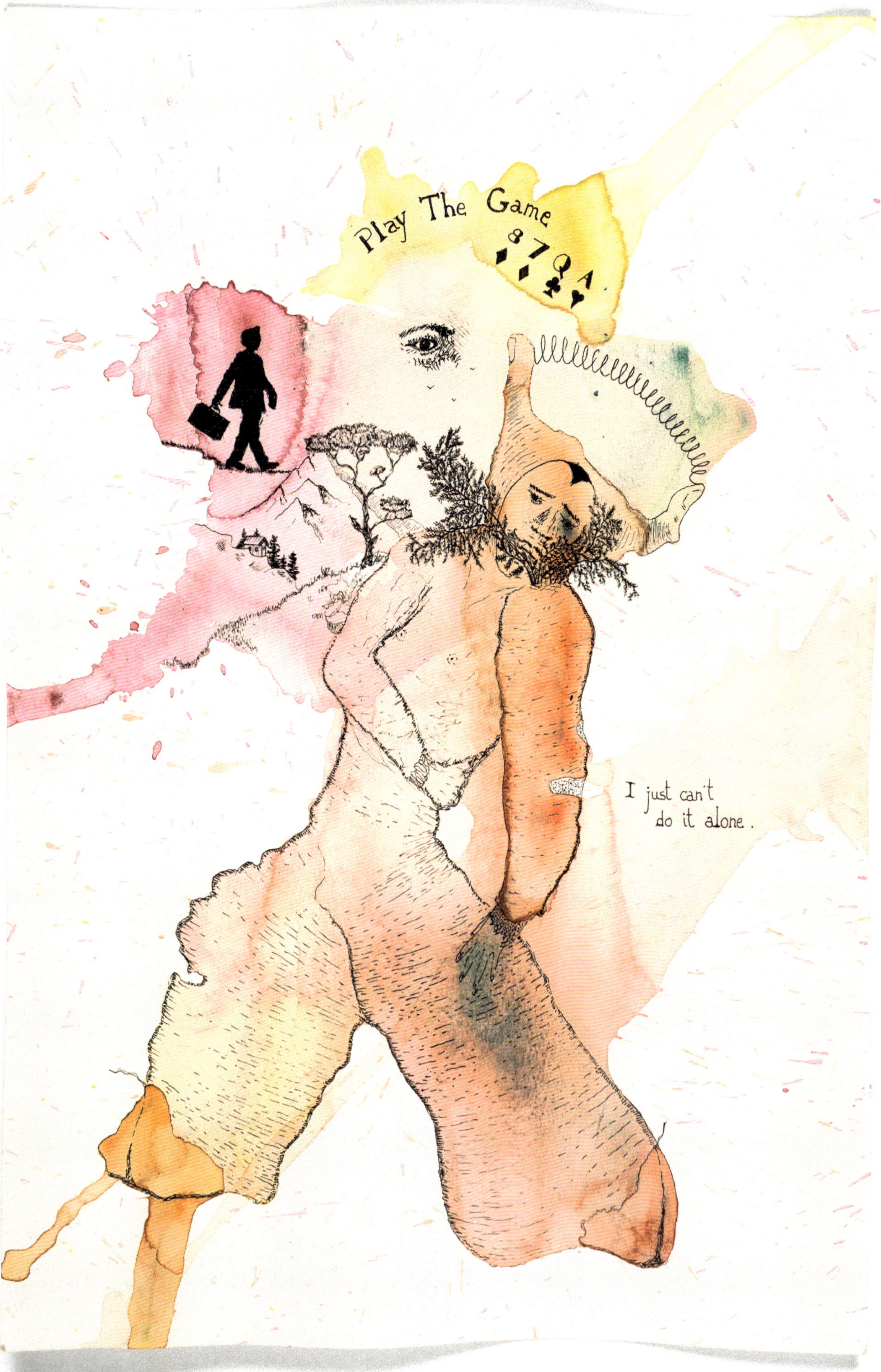

Play The Game
8 7 Q A
I just can't
do it alone.

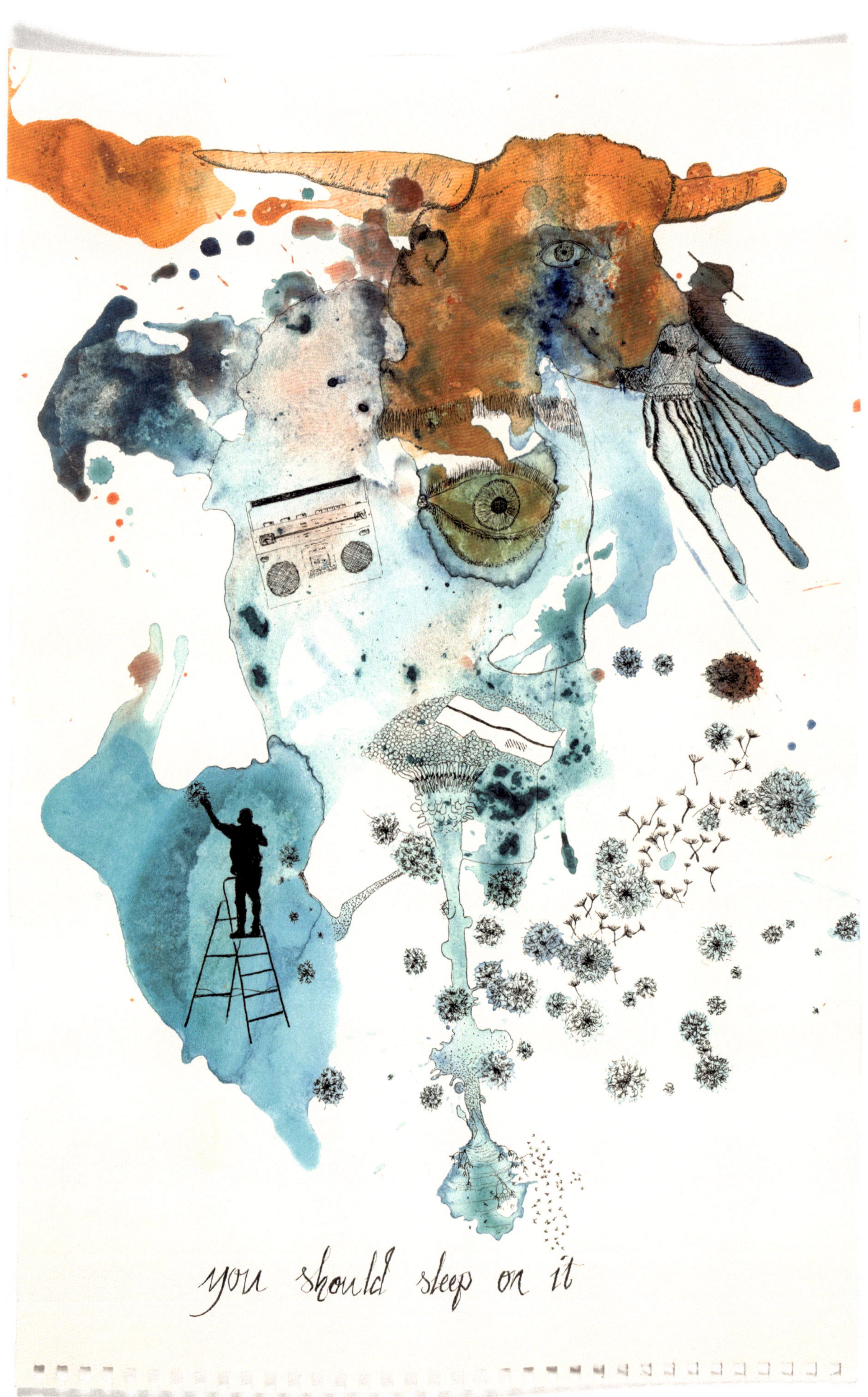

you should sleep on it

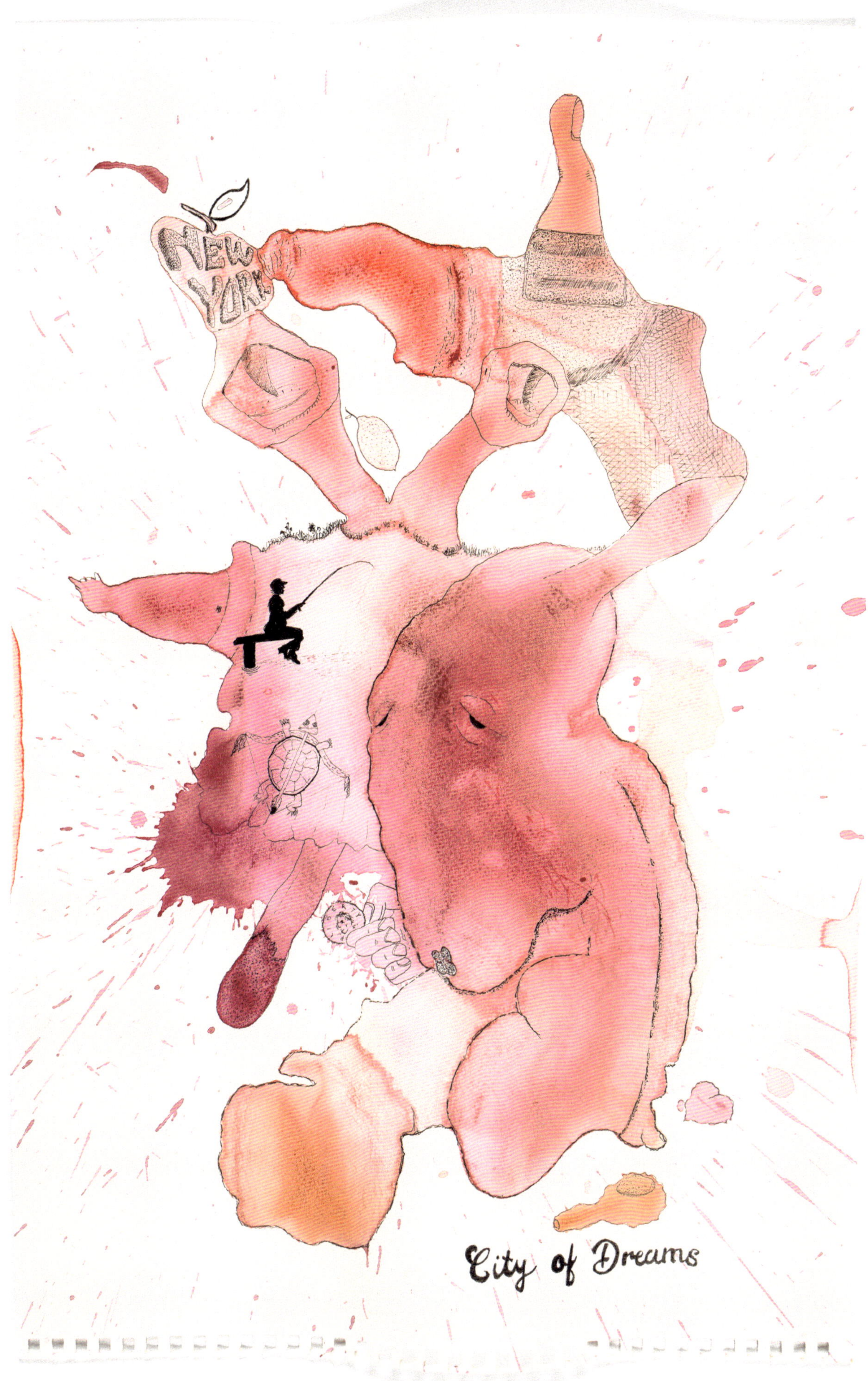

NEW YORK
City of Dreams

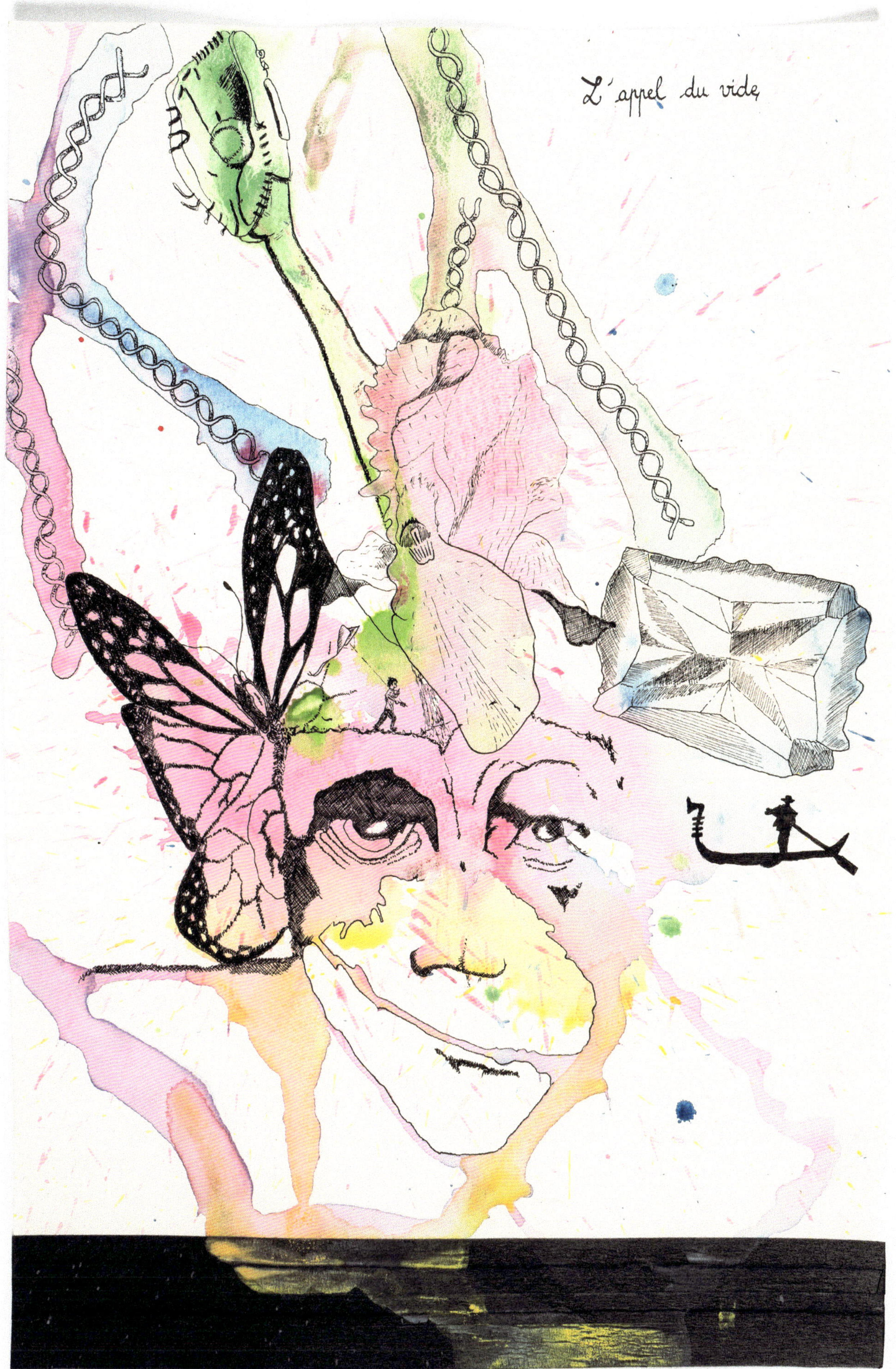
L'appel du vide

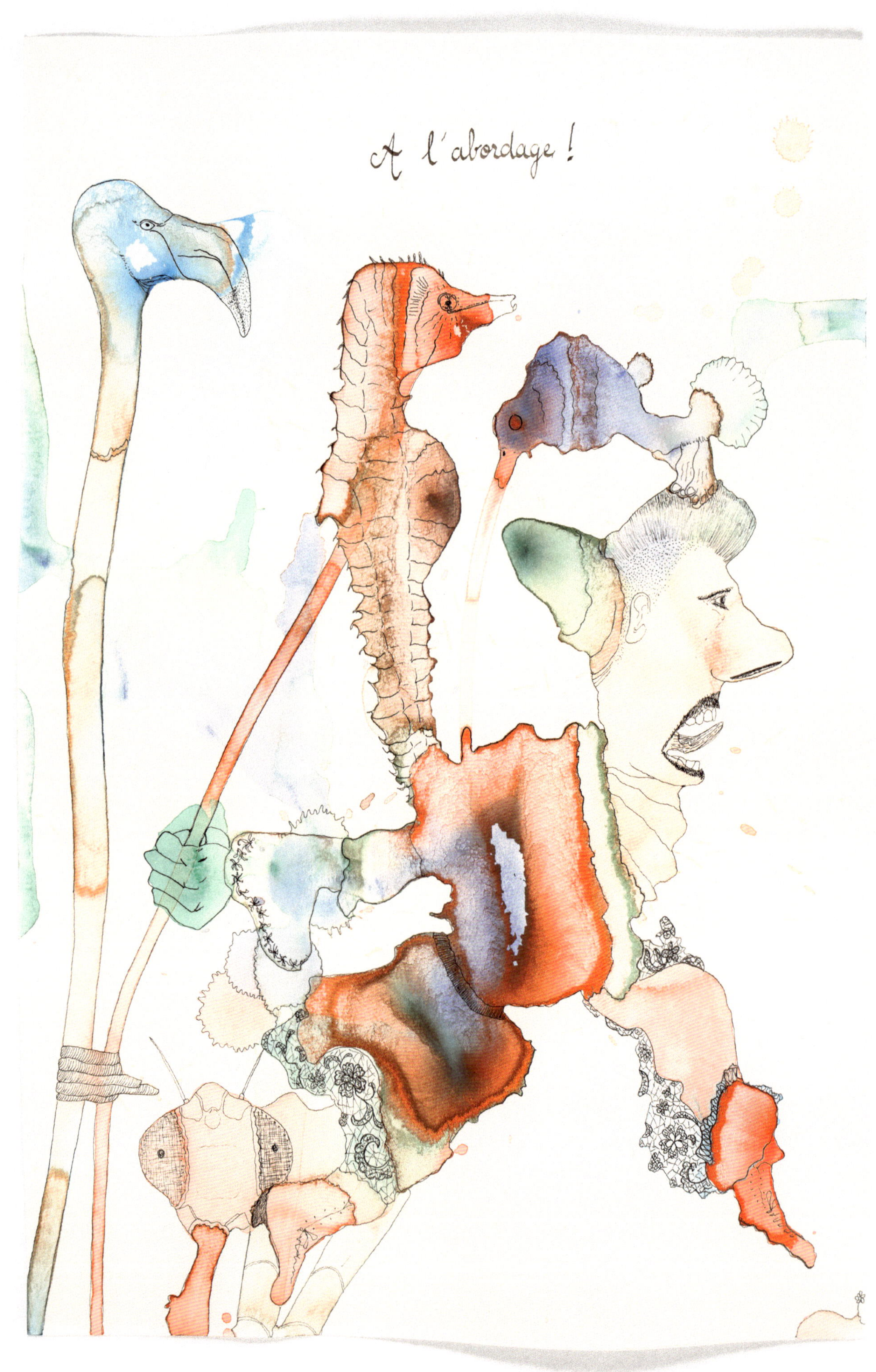

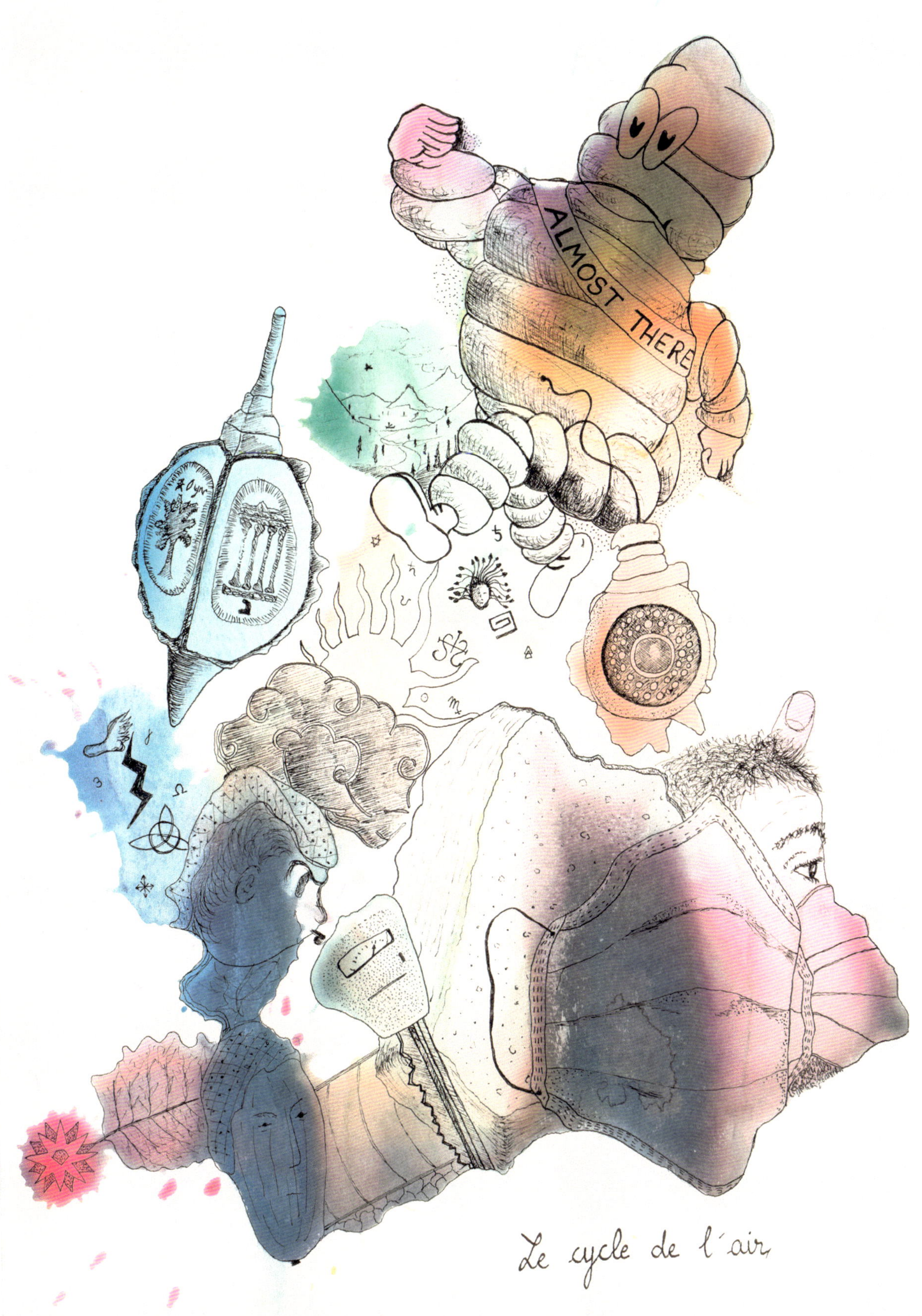
ALMOST THERE
Le cycle de l'air

La Danse Macabre

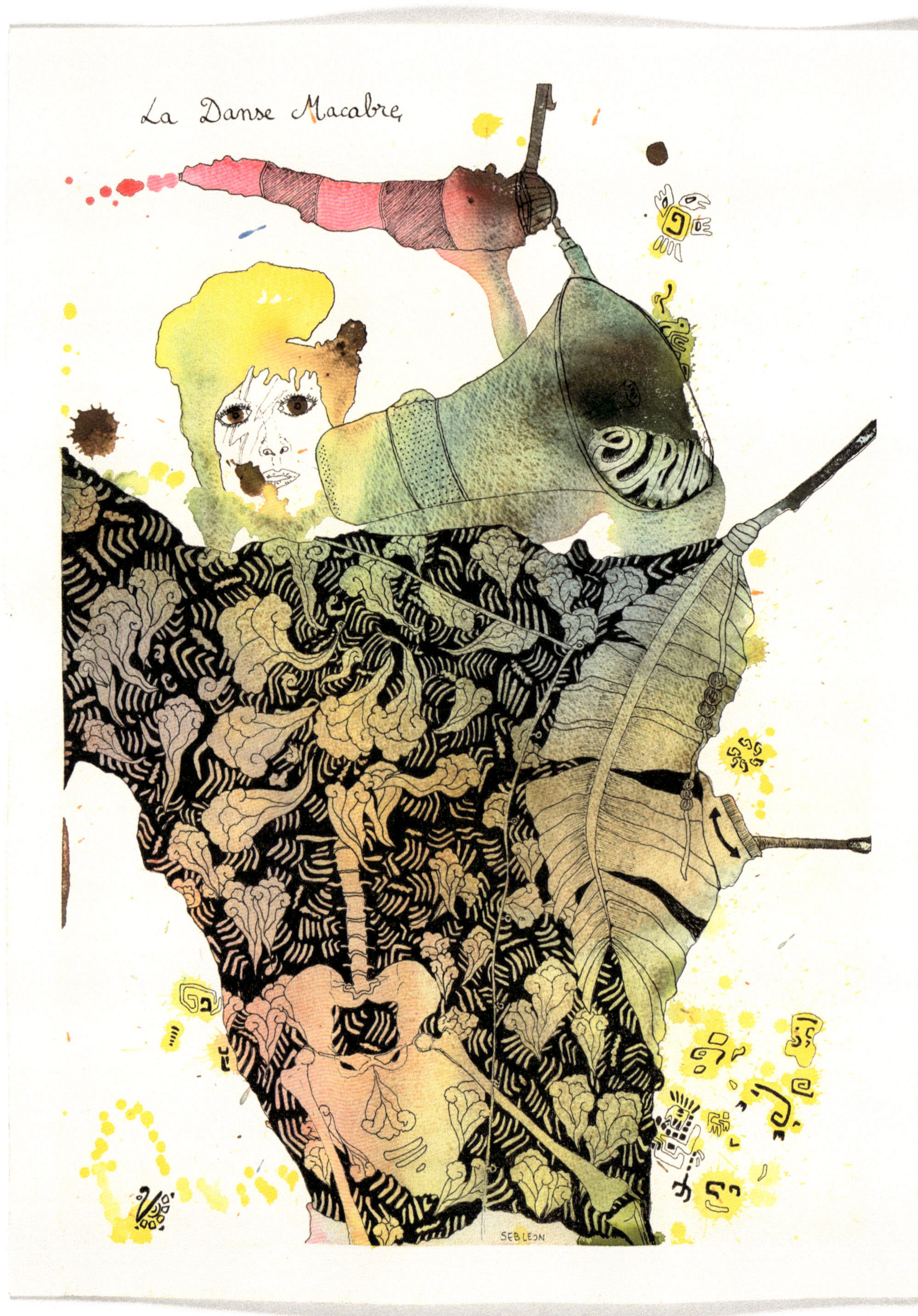

SEB LEON

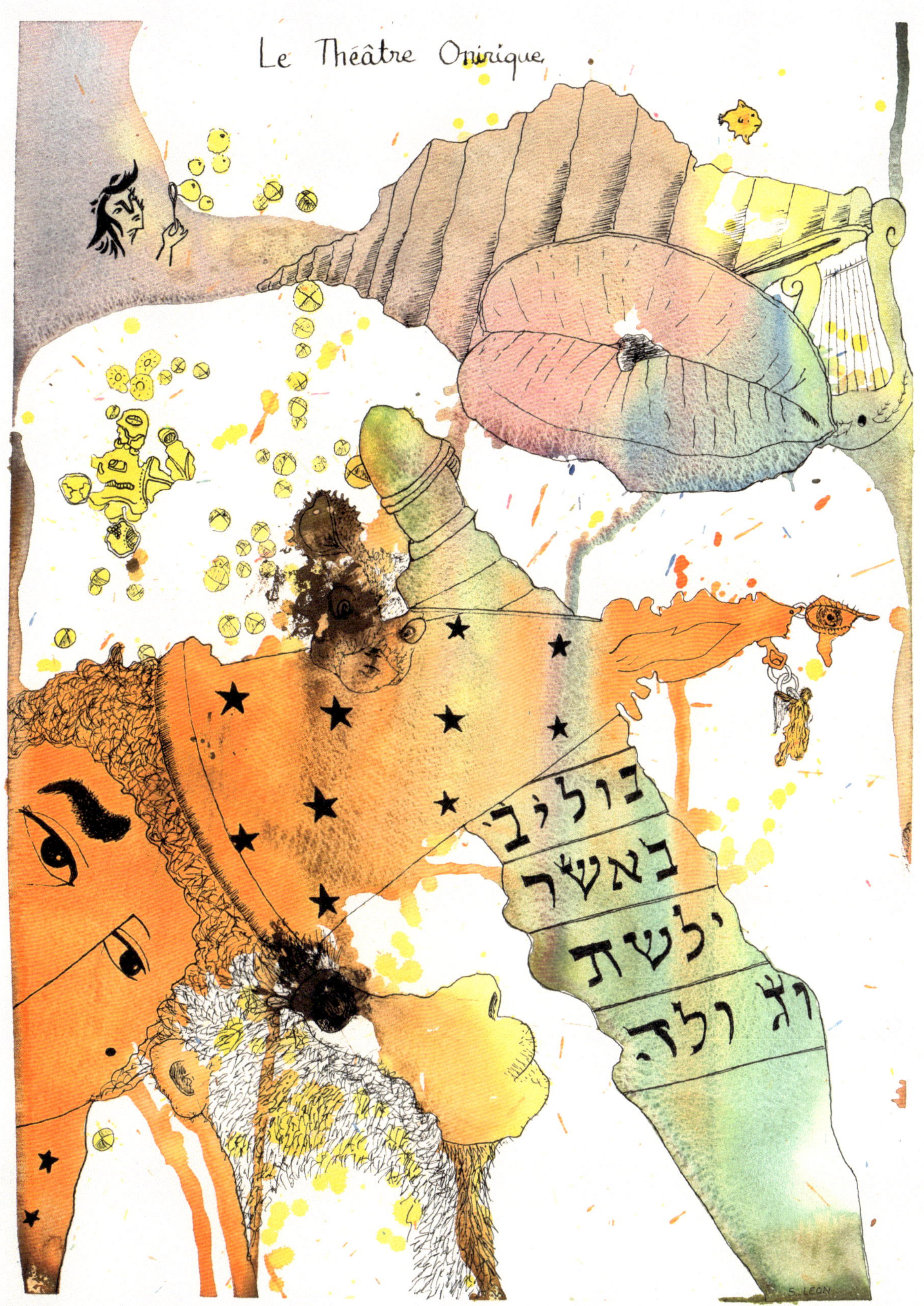

Le Théâtre Onirique

בוליב
באשר
ילשת
רצ ולד

S. LEON

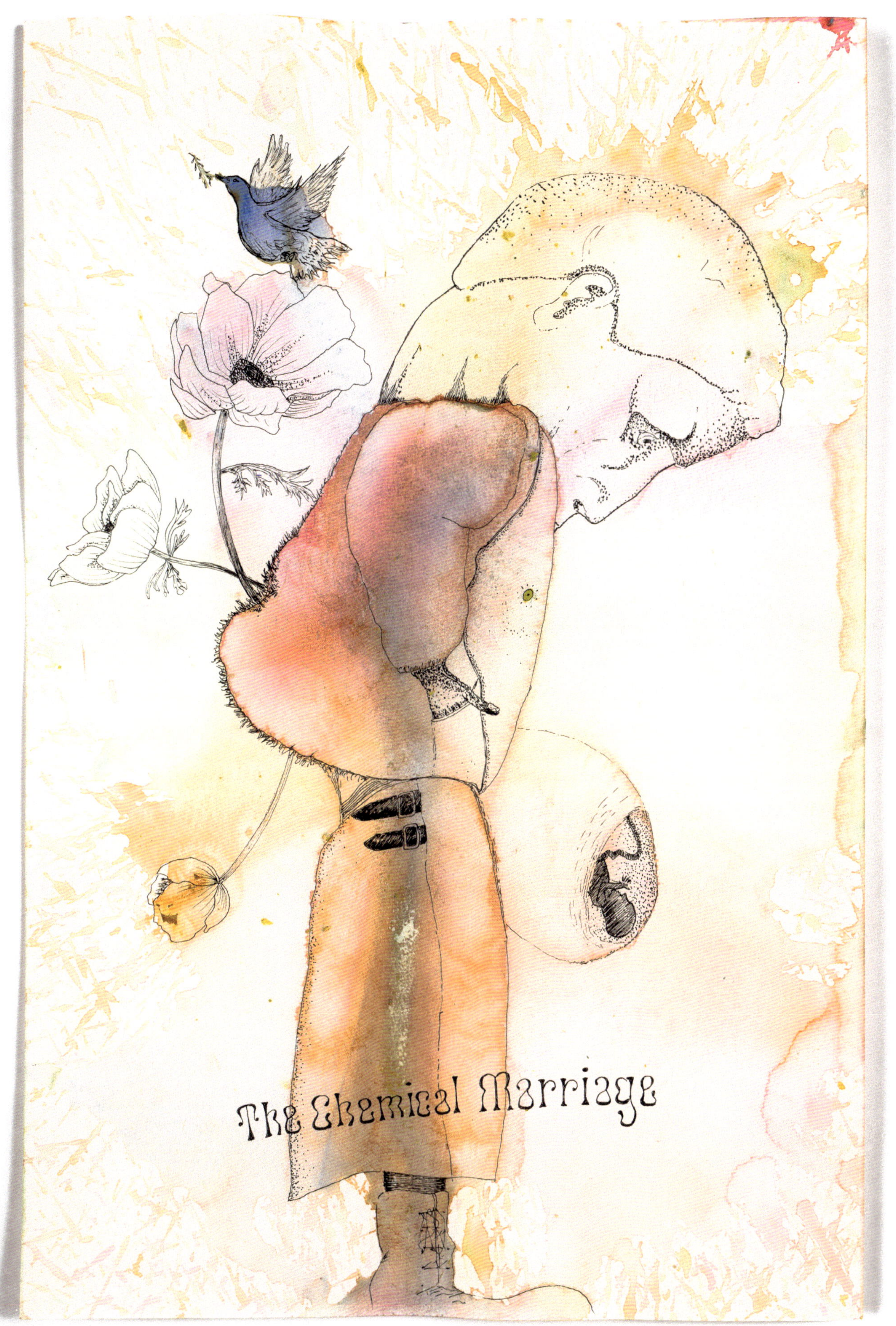

The Chemical Marriage

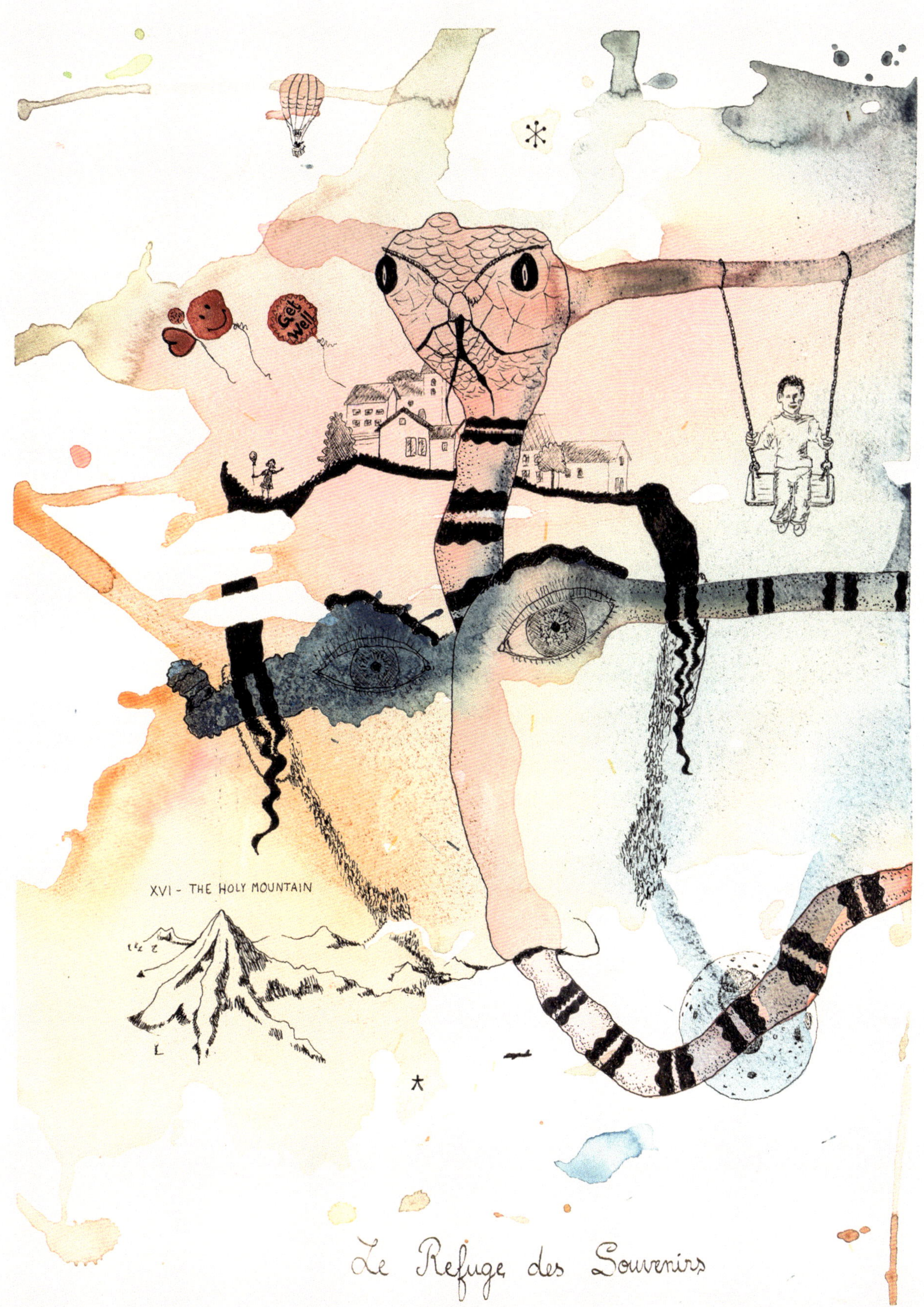

Le Refuge des Souvenirs

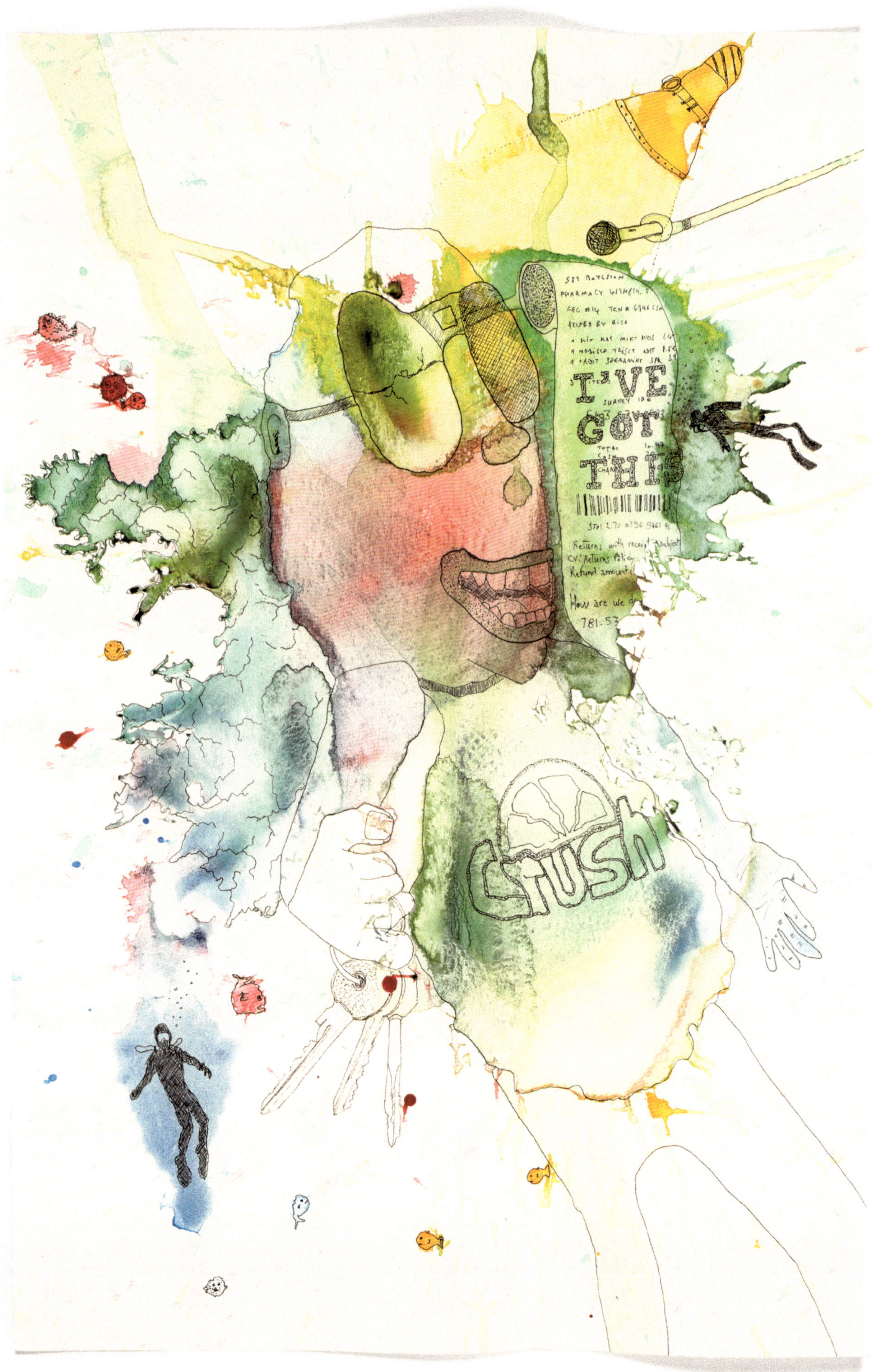
I'VE
GOT
THIS
CRUSH

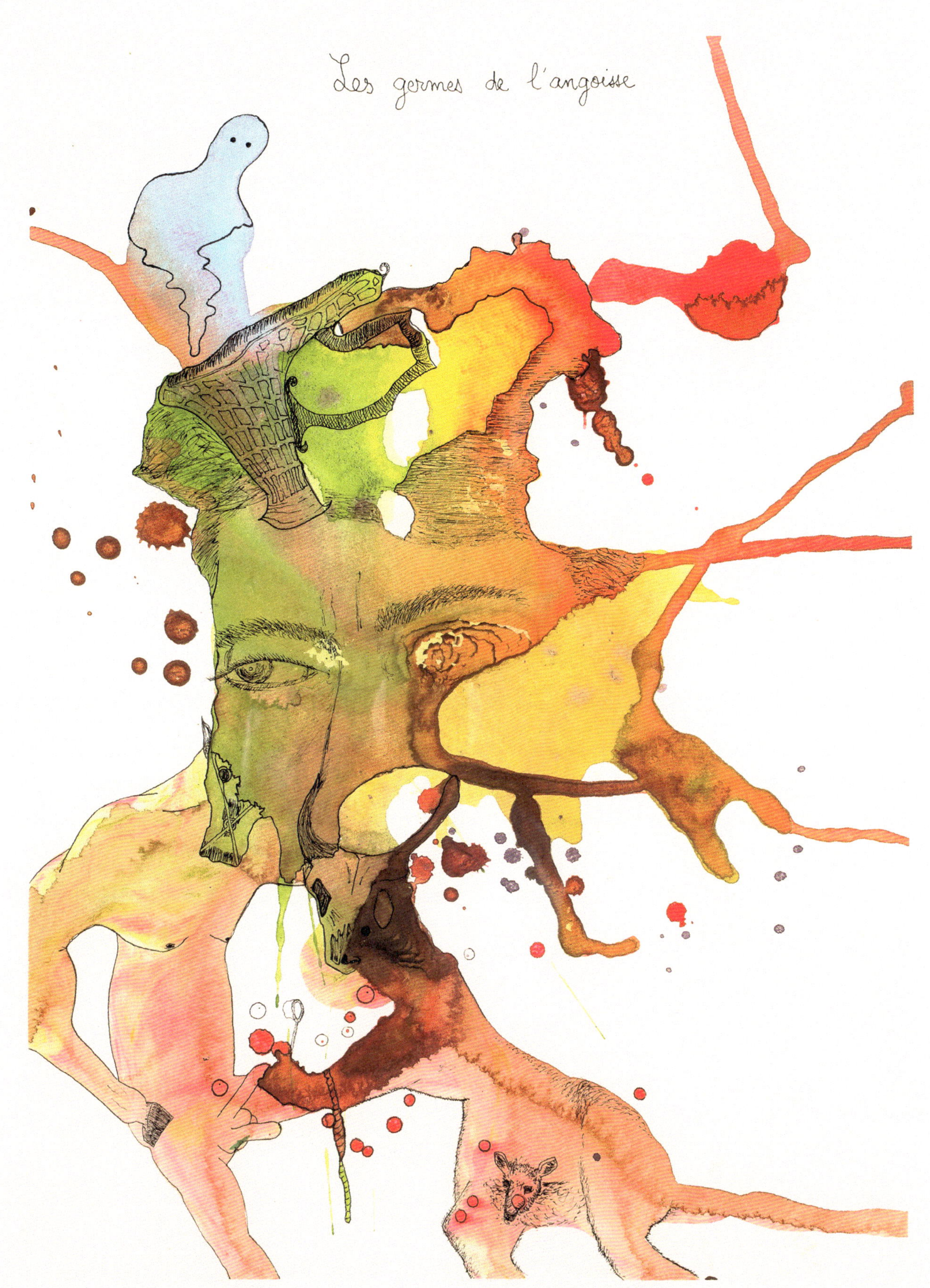
Les germes de l'angoisse

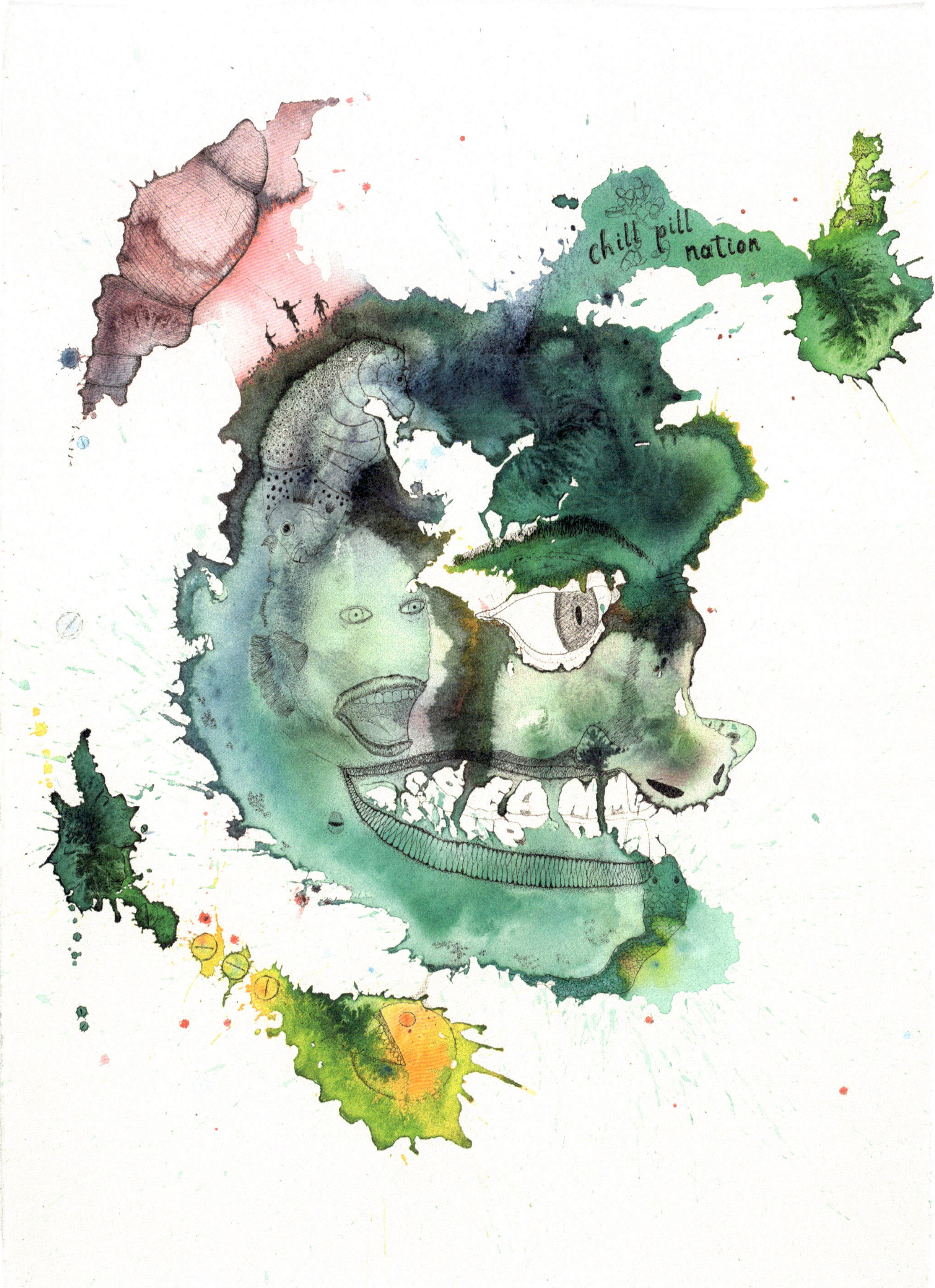

chill pill nation

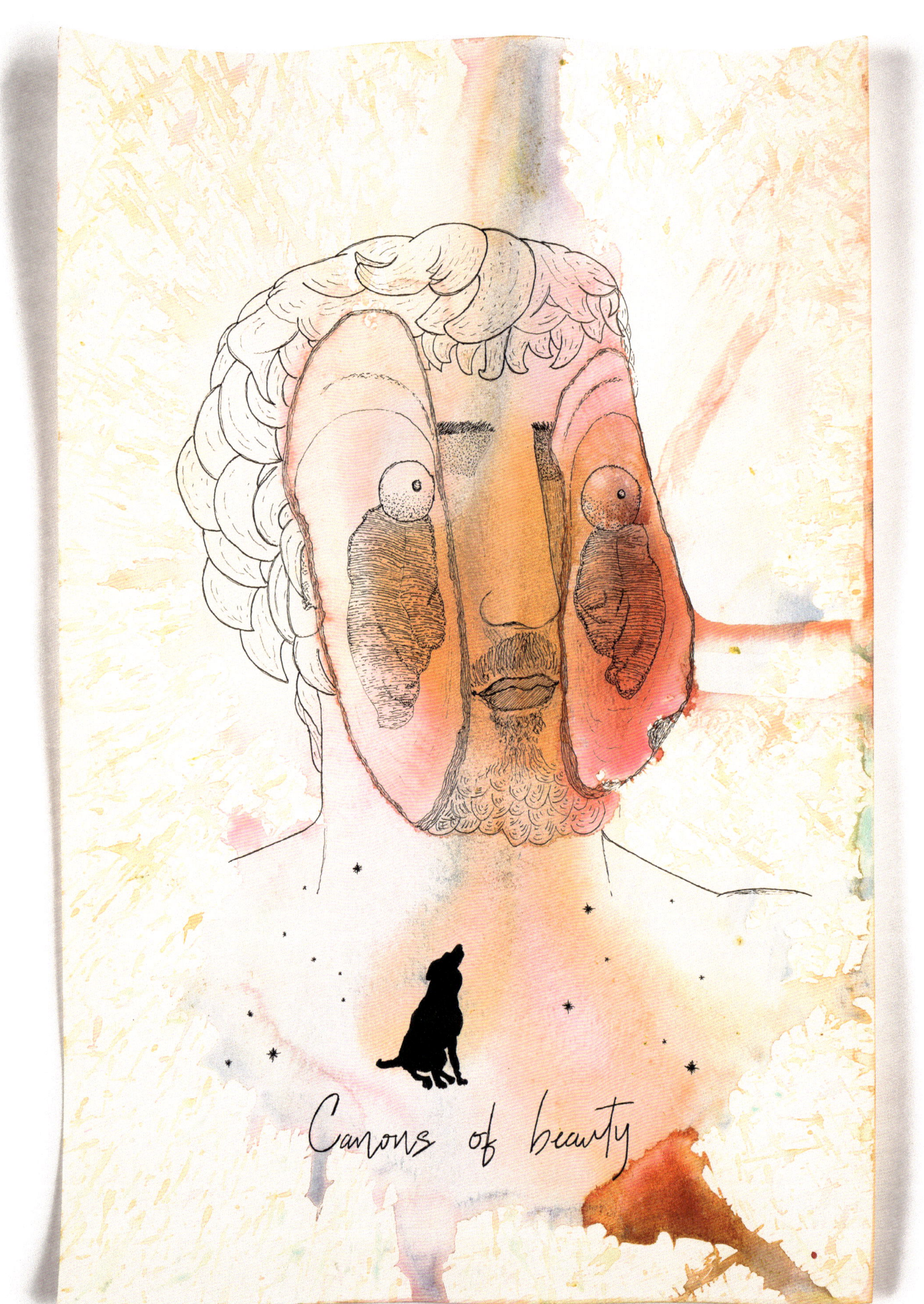
Canons of beauty

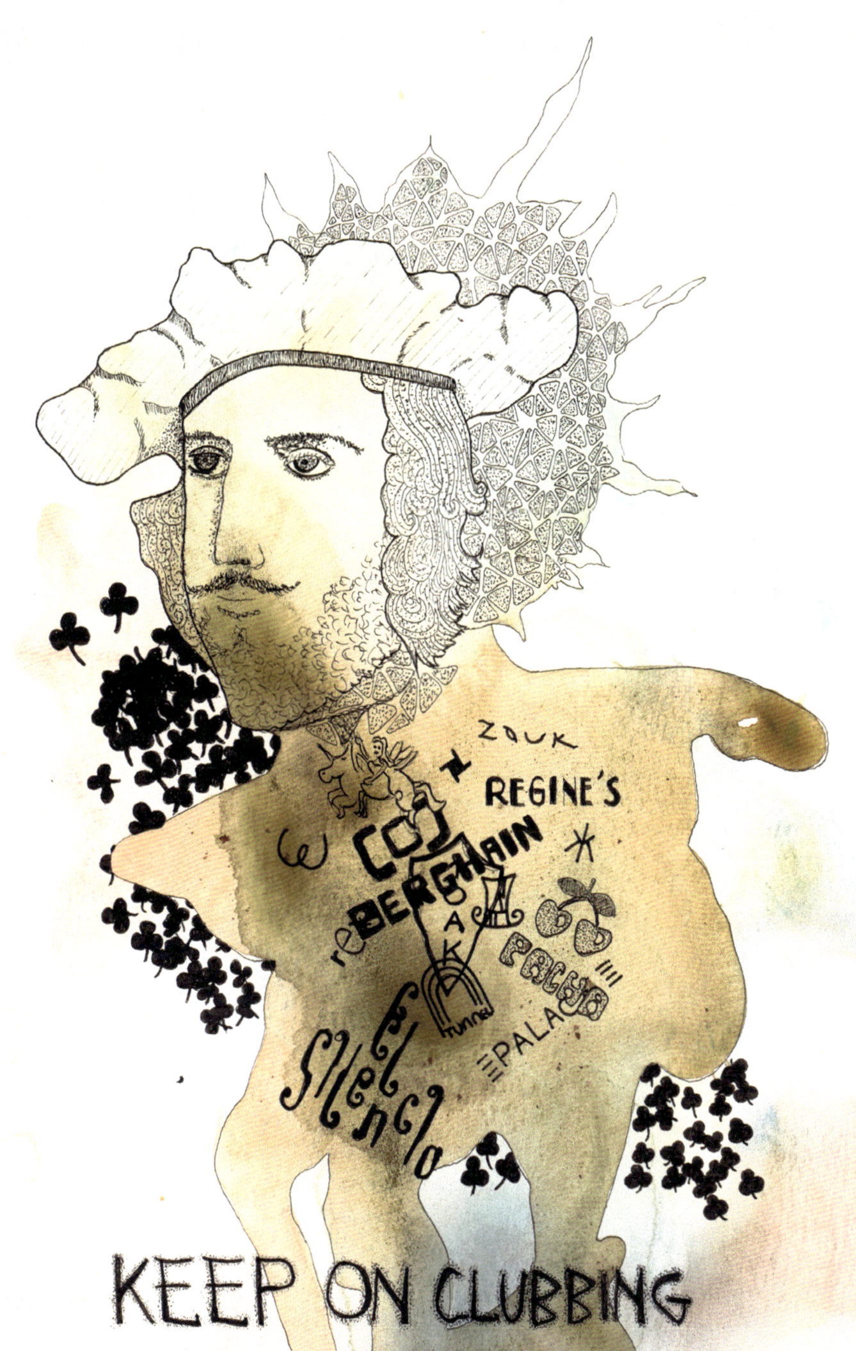

ZOUK
REGINE'S
BERGHAIN
PALACE
EL SILENCIO
KEEP ON CLUBBING

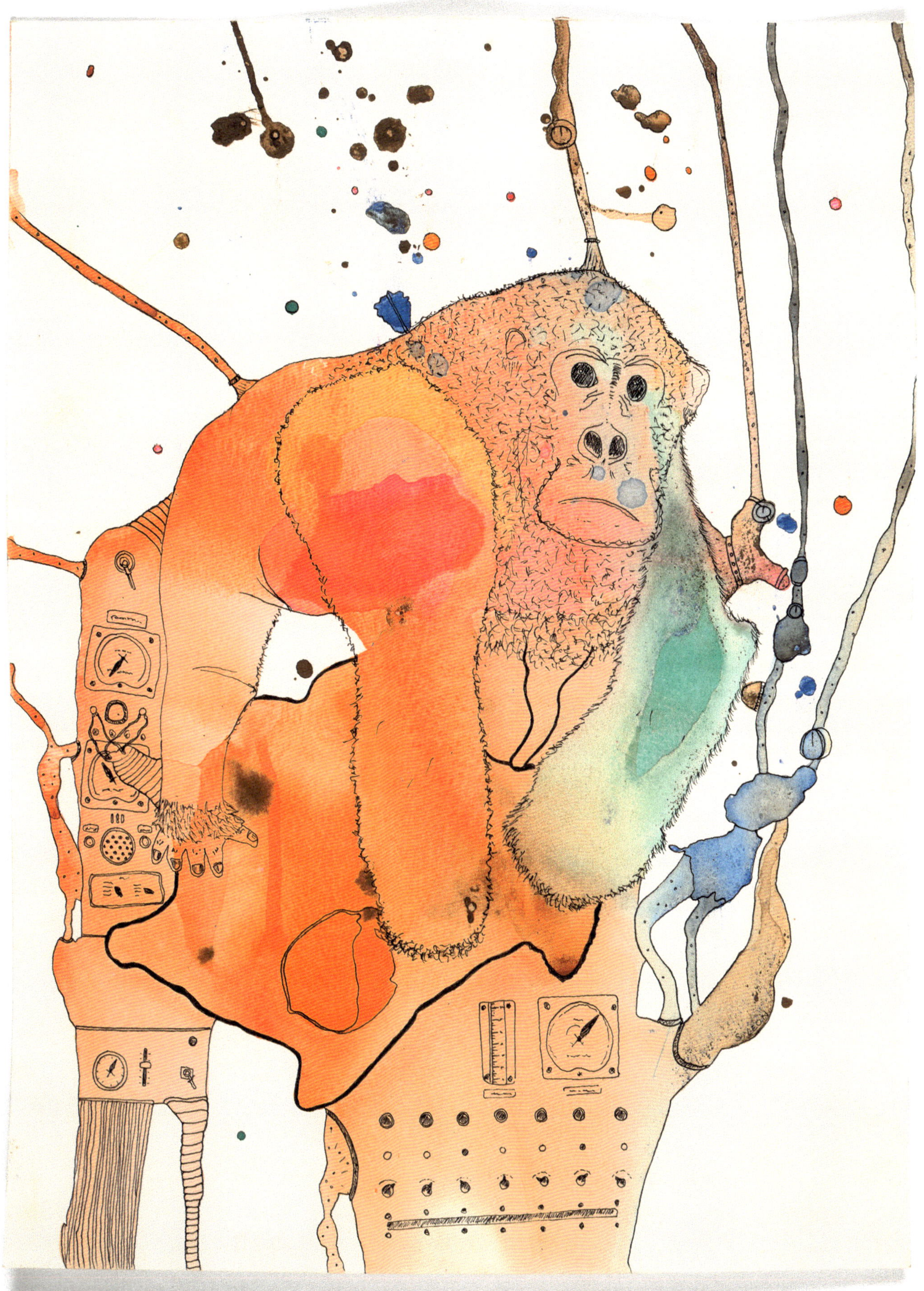

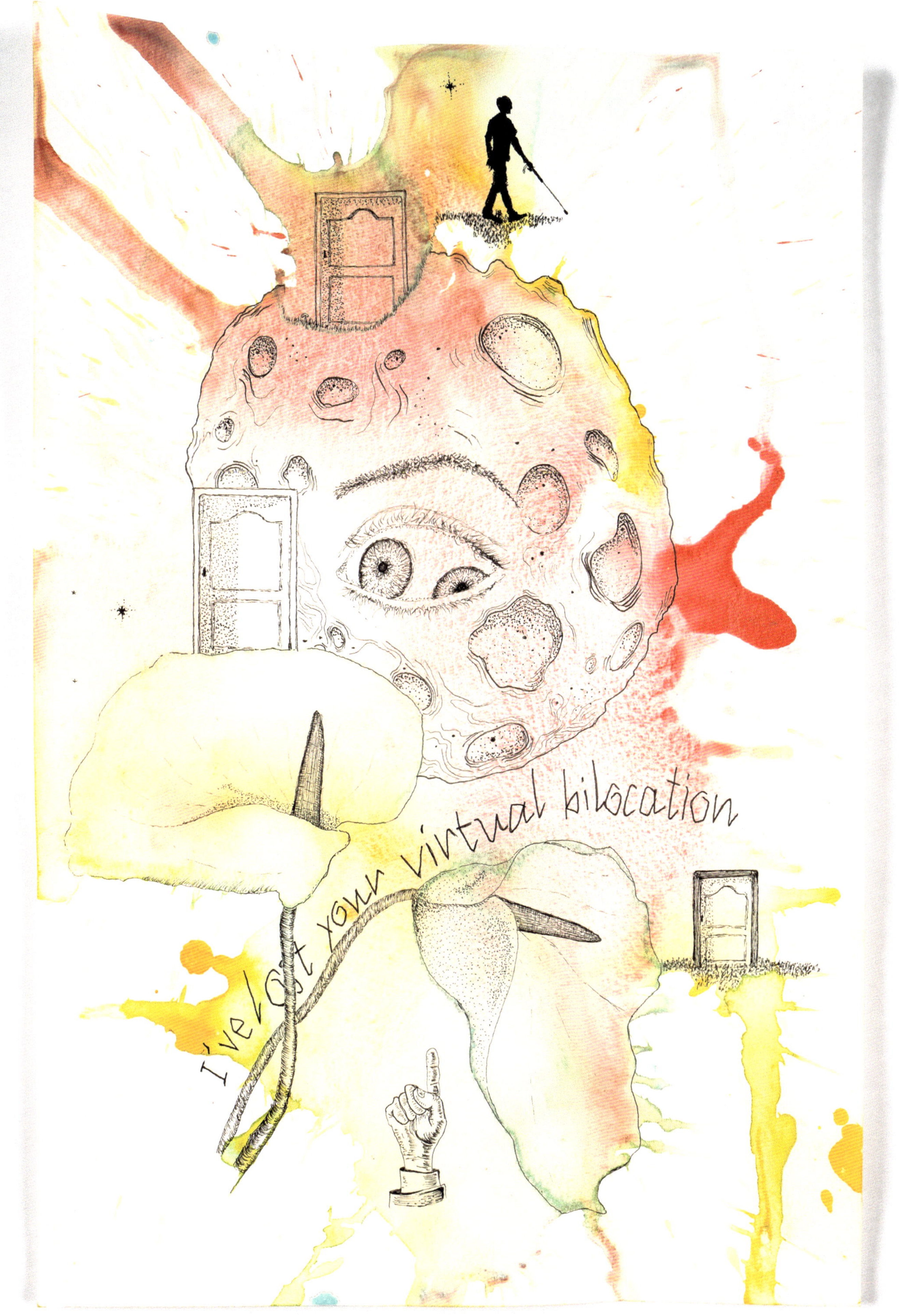

i've lost your virtual bilocation

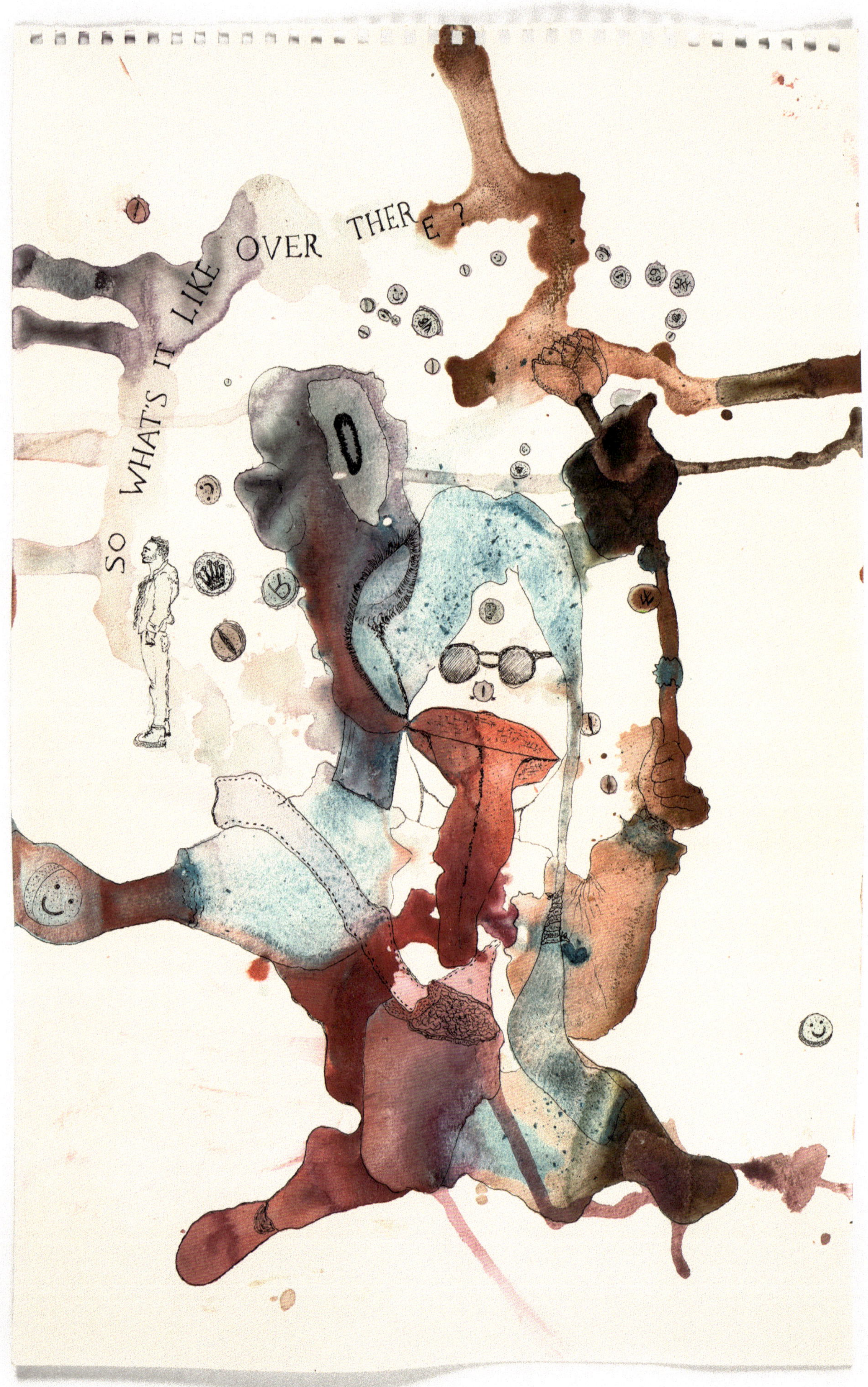

SO WHAT'S IT LIKE OVER THERE?
SKY

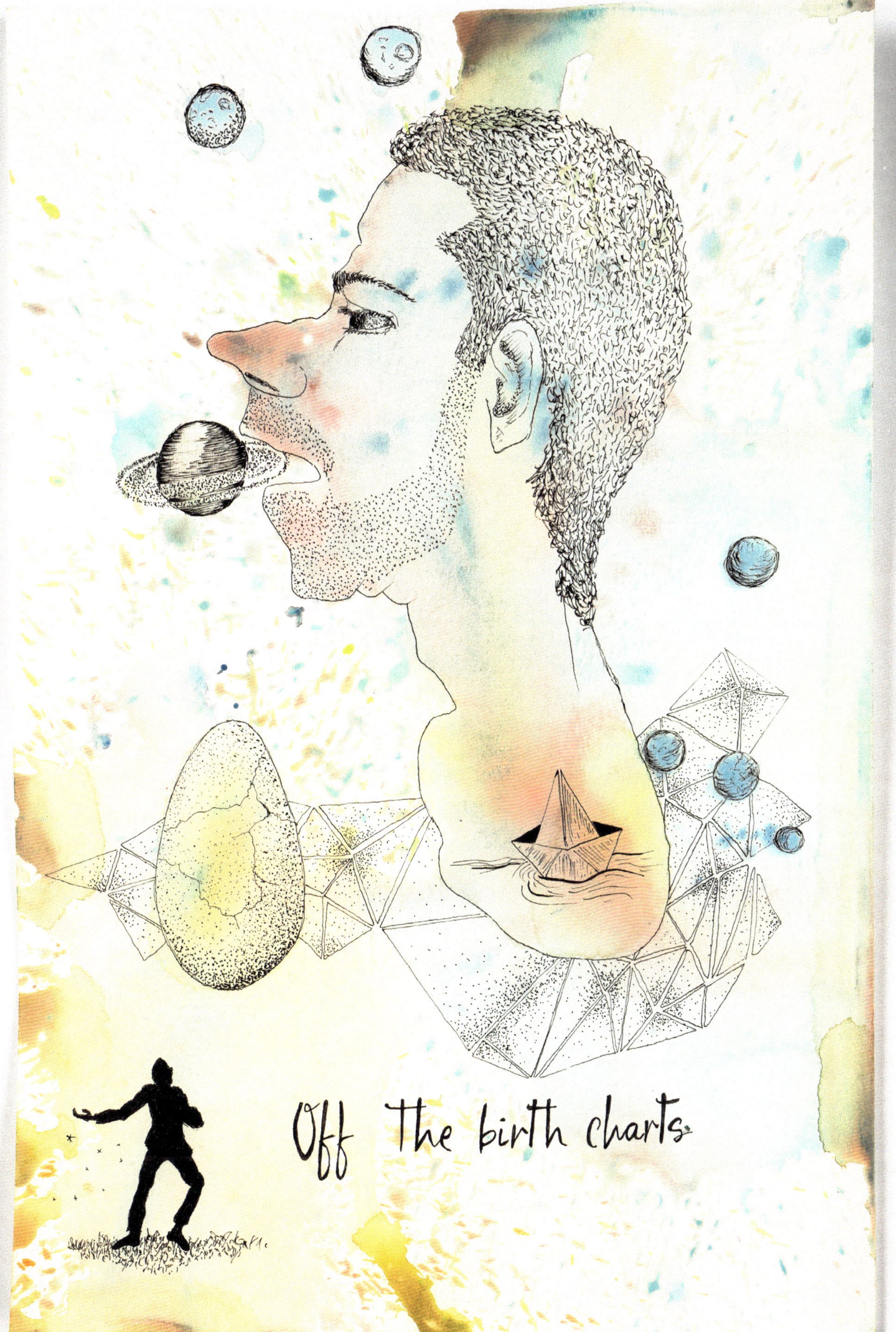
Off the birth charts

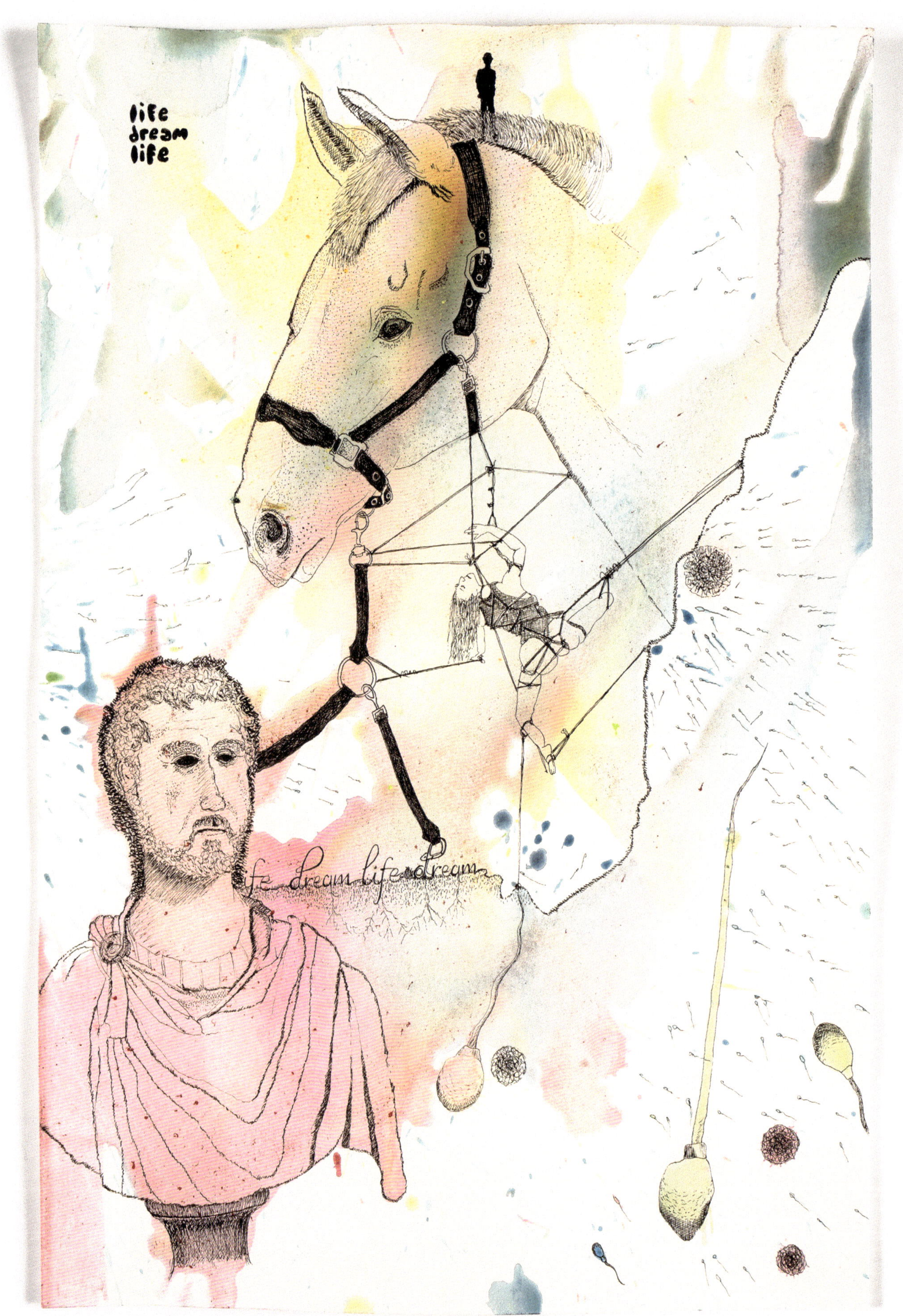

life
dream
life
fe dream life dream

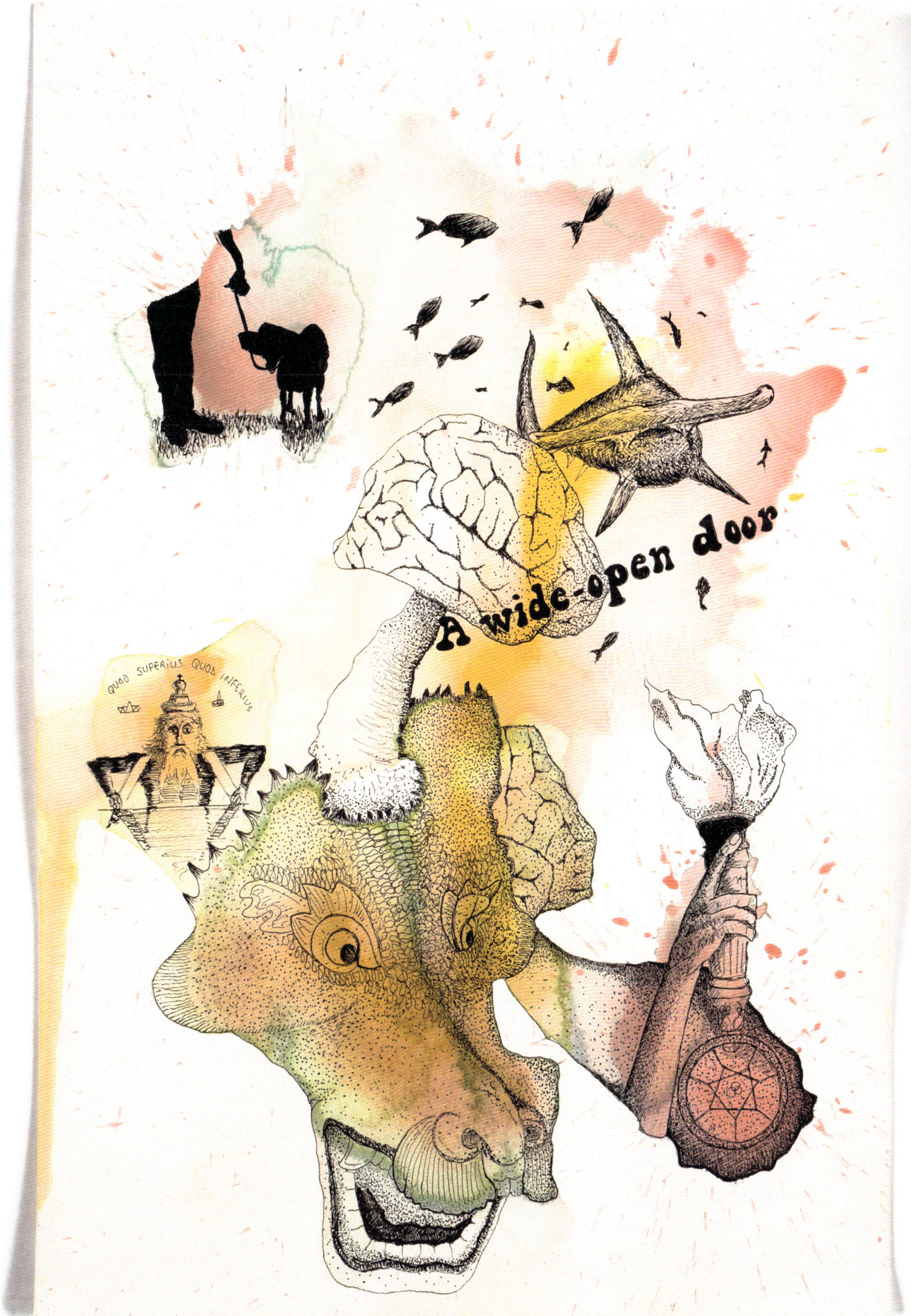

A wide-open door
QUOD SUPERIUS QUOD INFERIUS

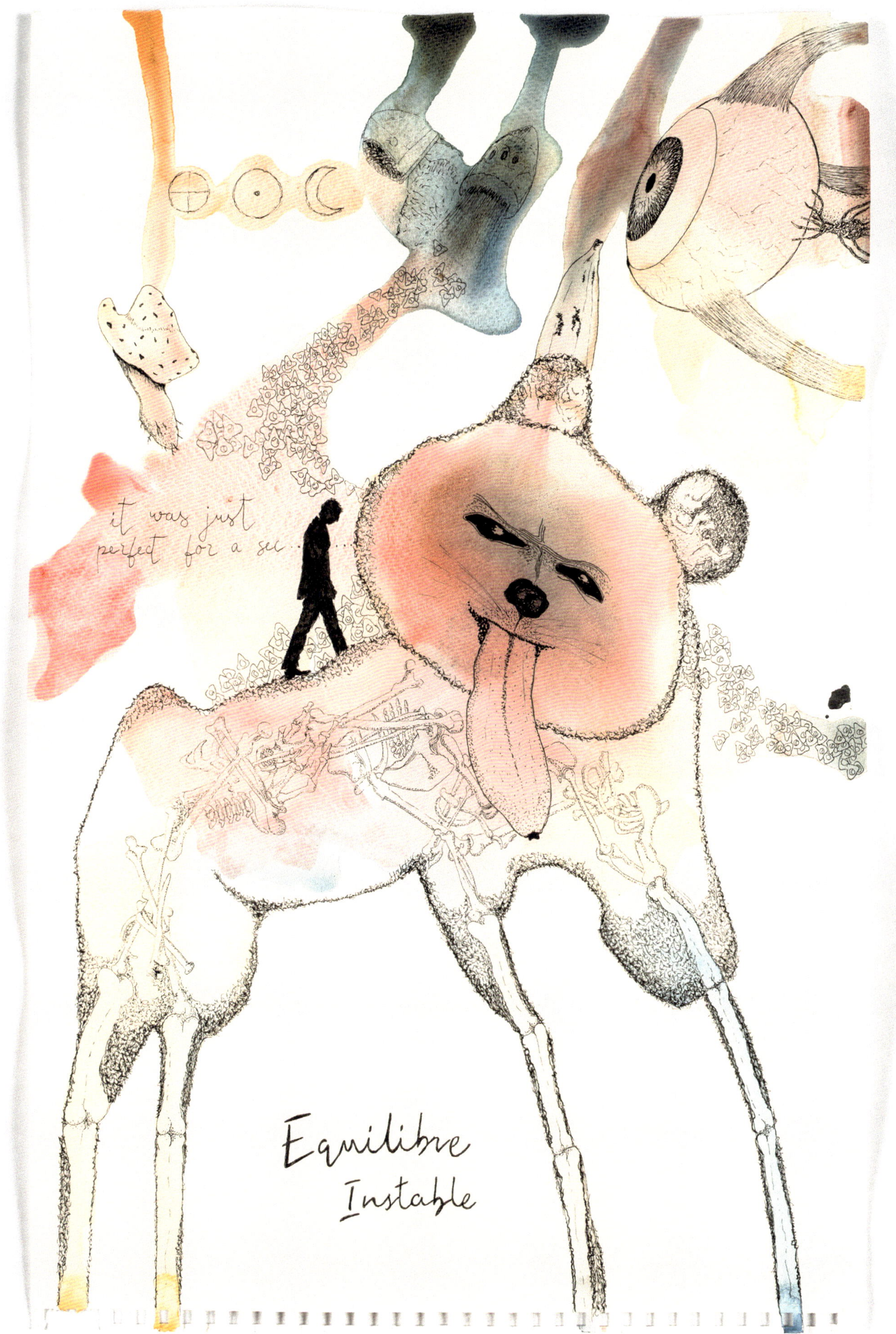
it was just
perfect for a sec.....

Equilibre
Instable

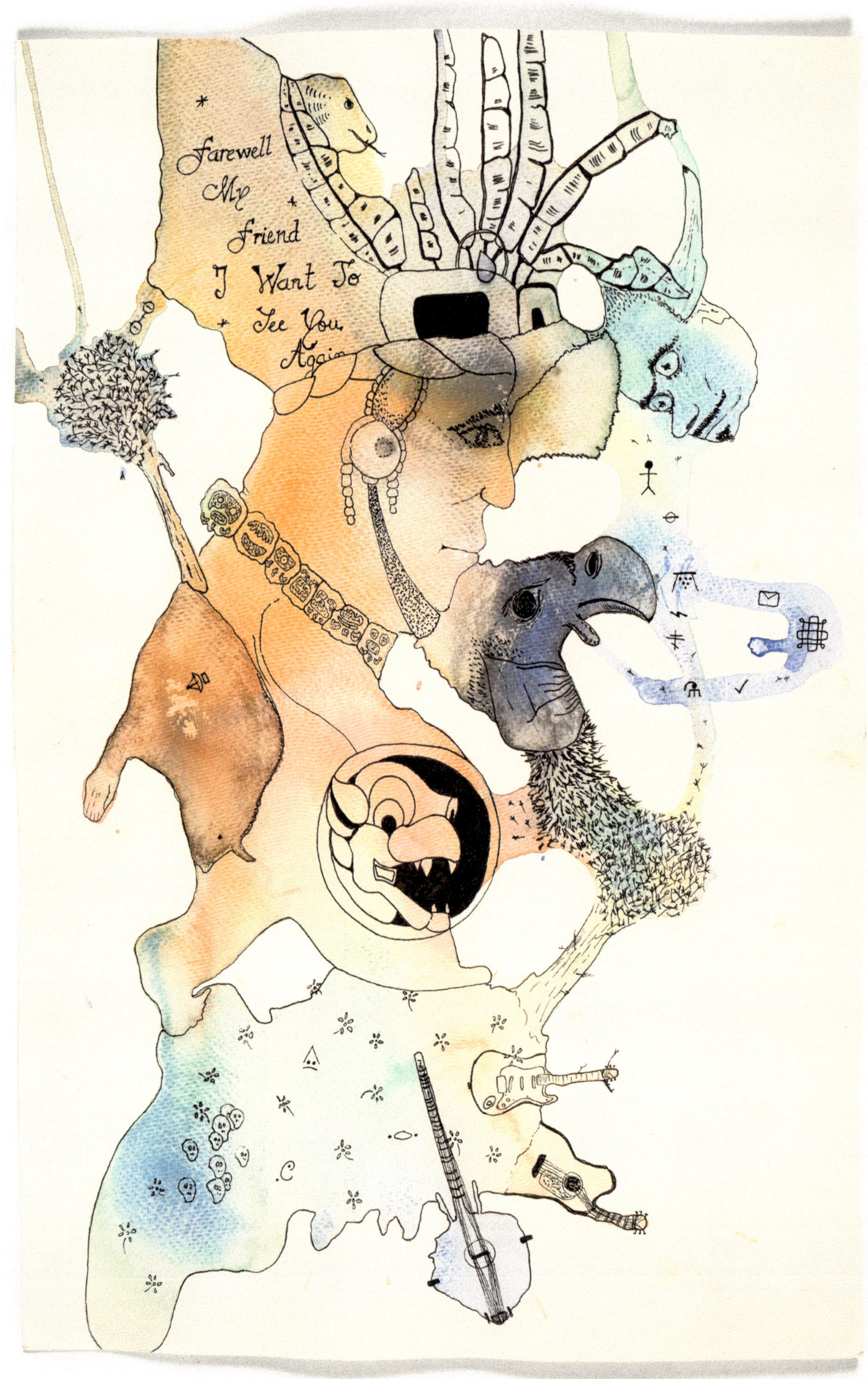

Farewell
My
Friend
I Want To
See You.
Again

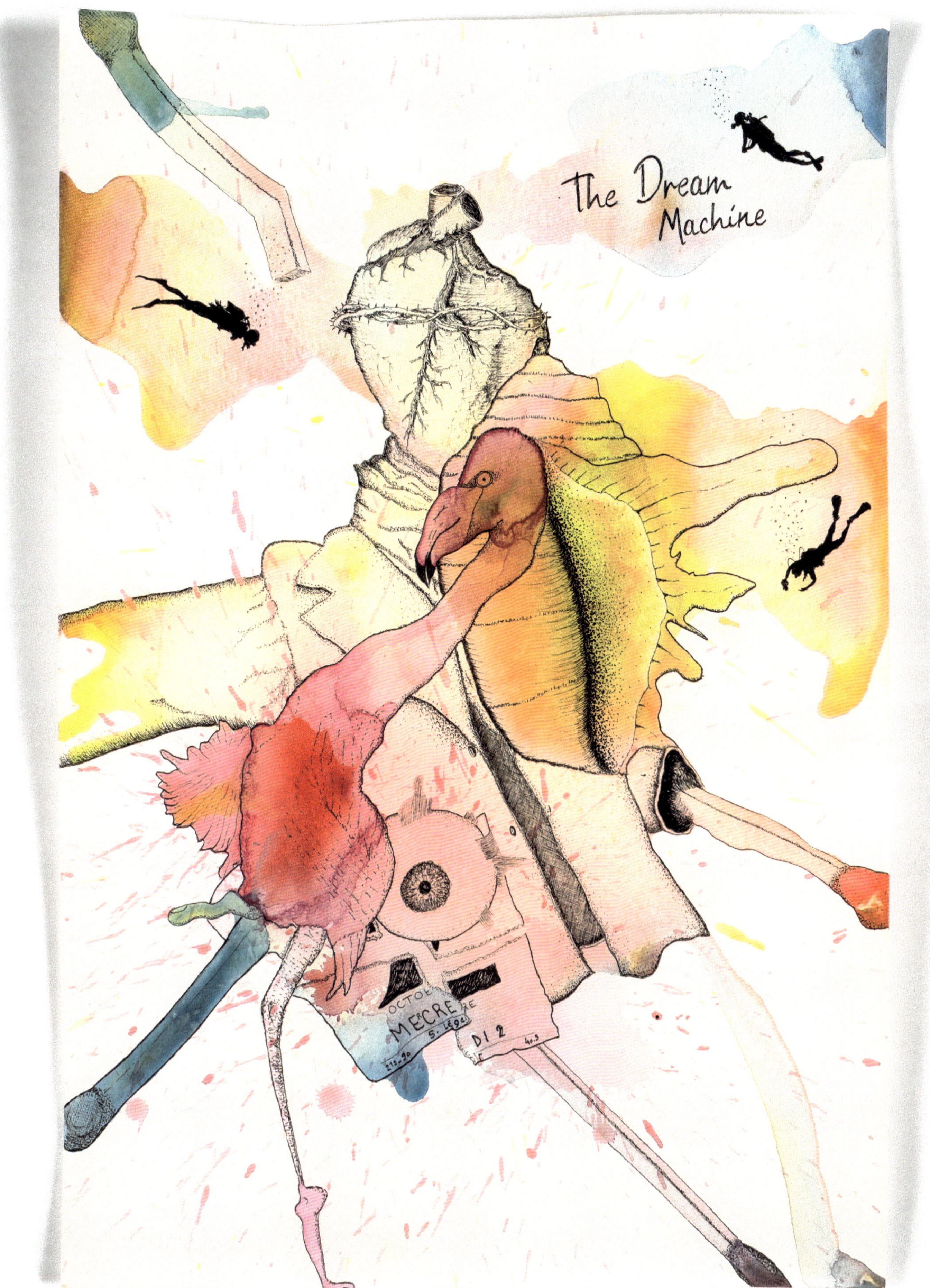

The Dream
Machine

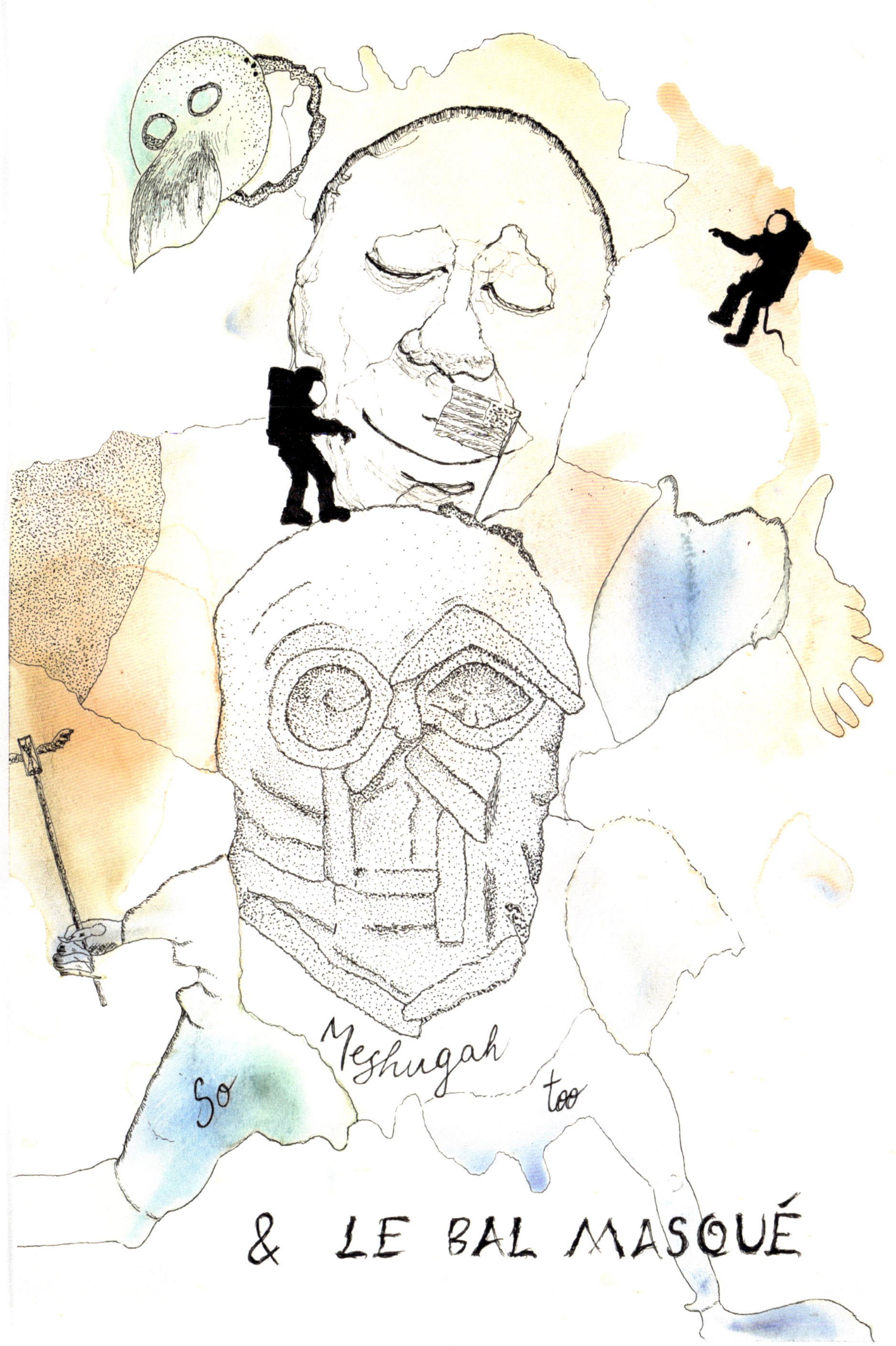

So
Meshugah
too
& LE BAL MASQUÉ

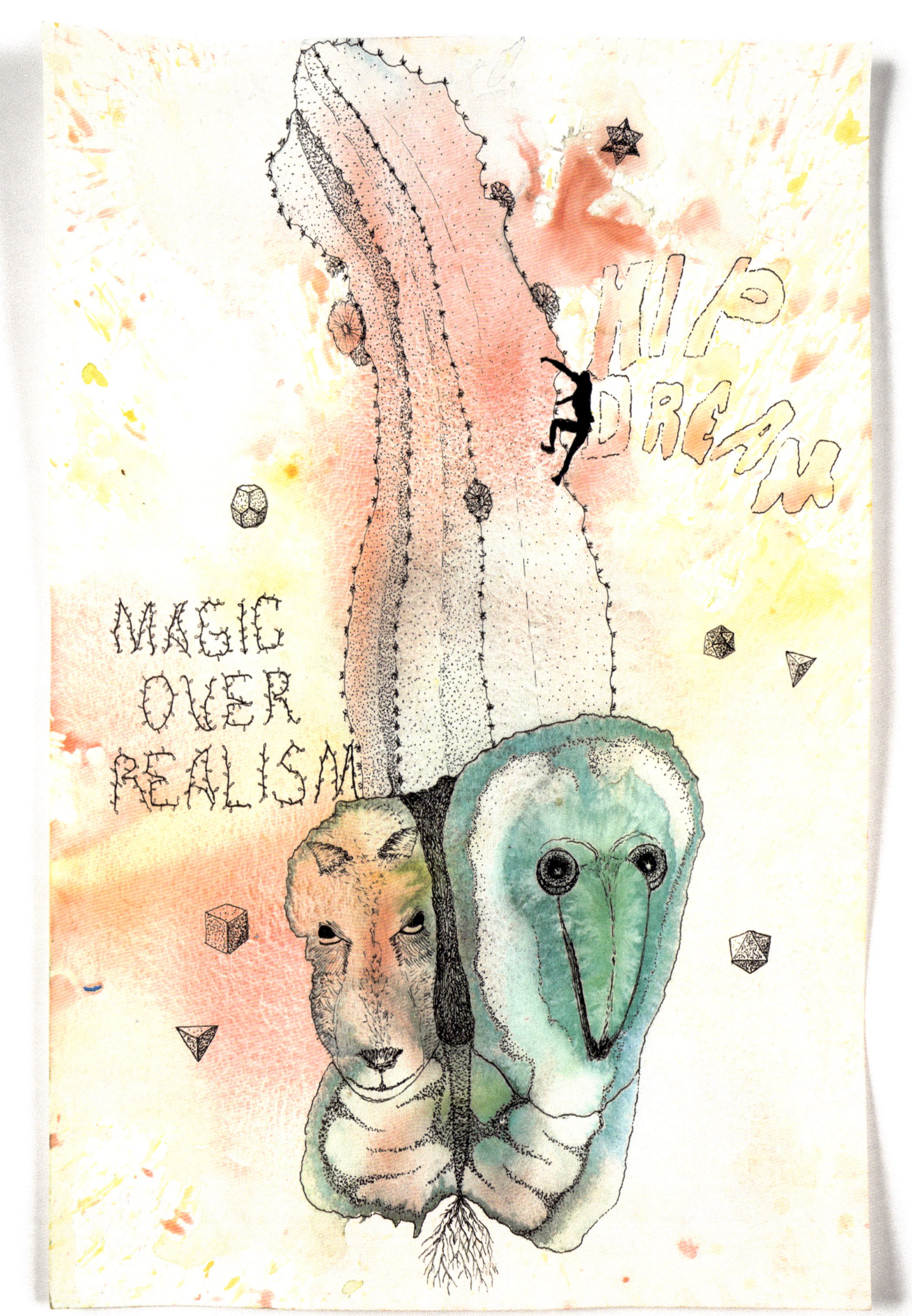

HIP
DREAM
MAGIC
OVER
REALISM

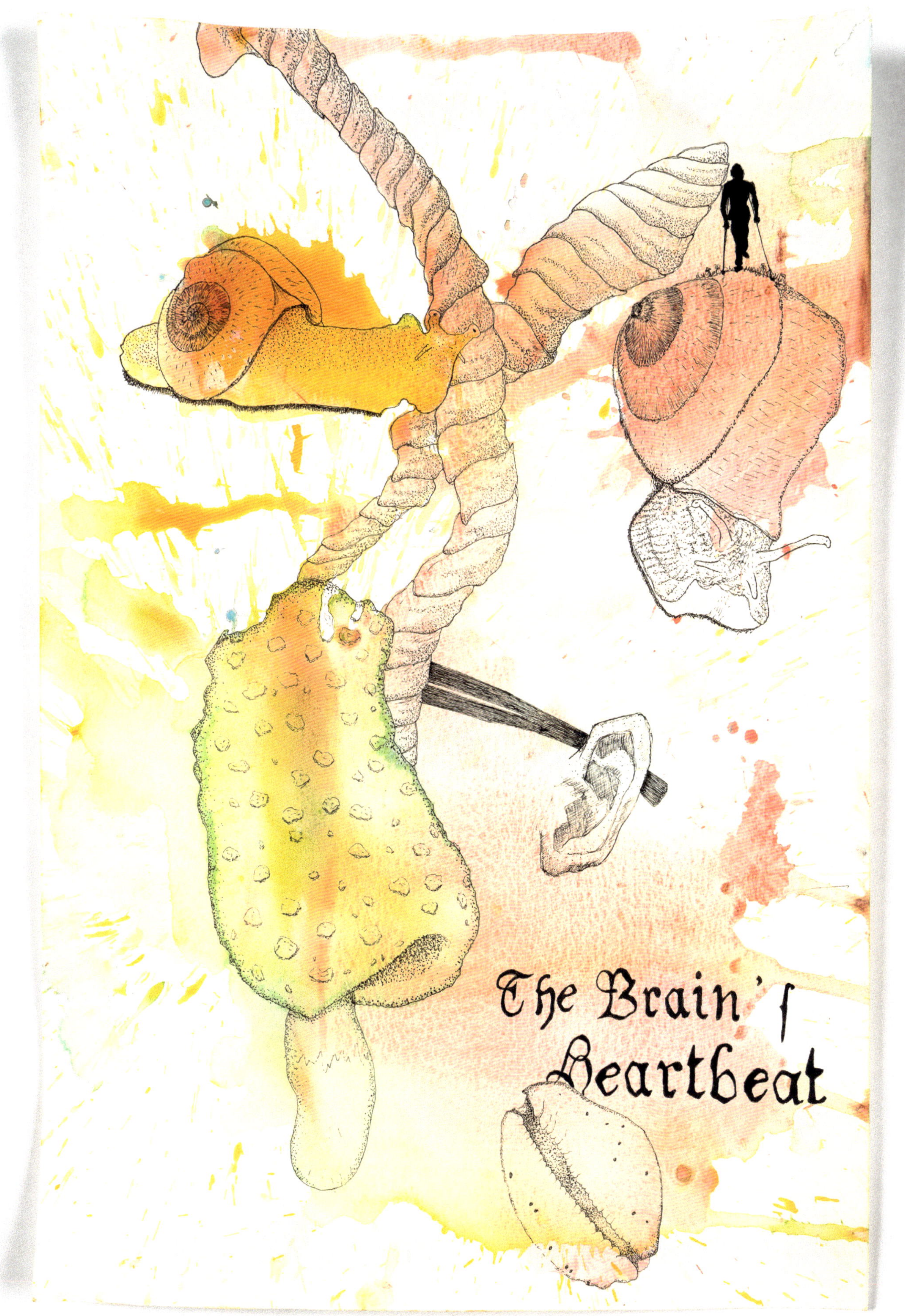

The Brain's
Heartbeat

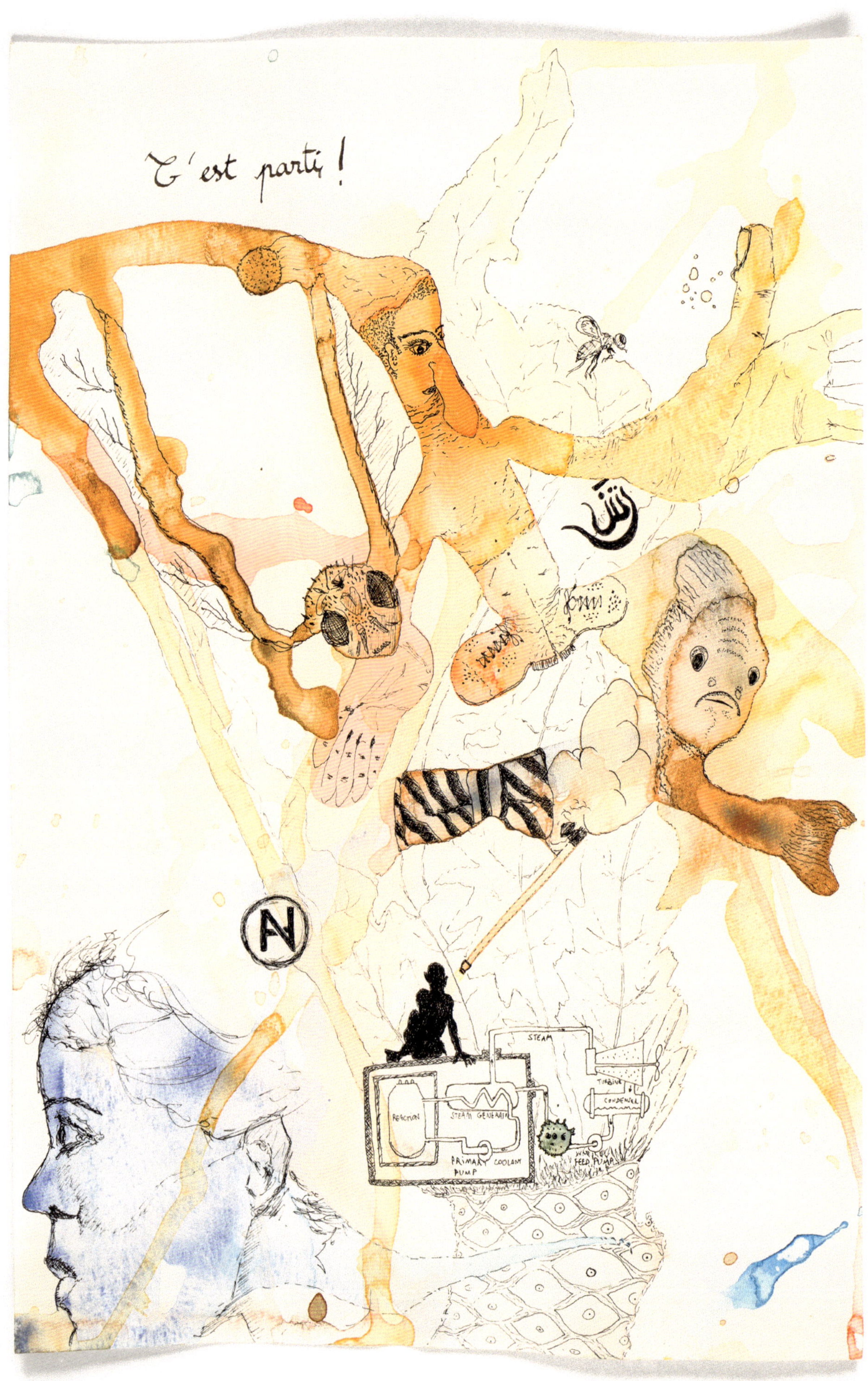
C'est parti !
STEAM
REACTION
STEAM GENERATOR
TURBINE
CONDENSER
PRIMARY COOLANT PUMP
FEED PUMP

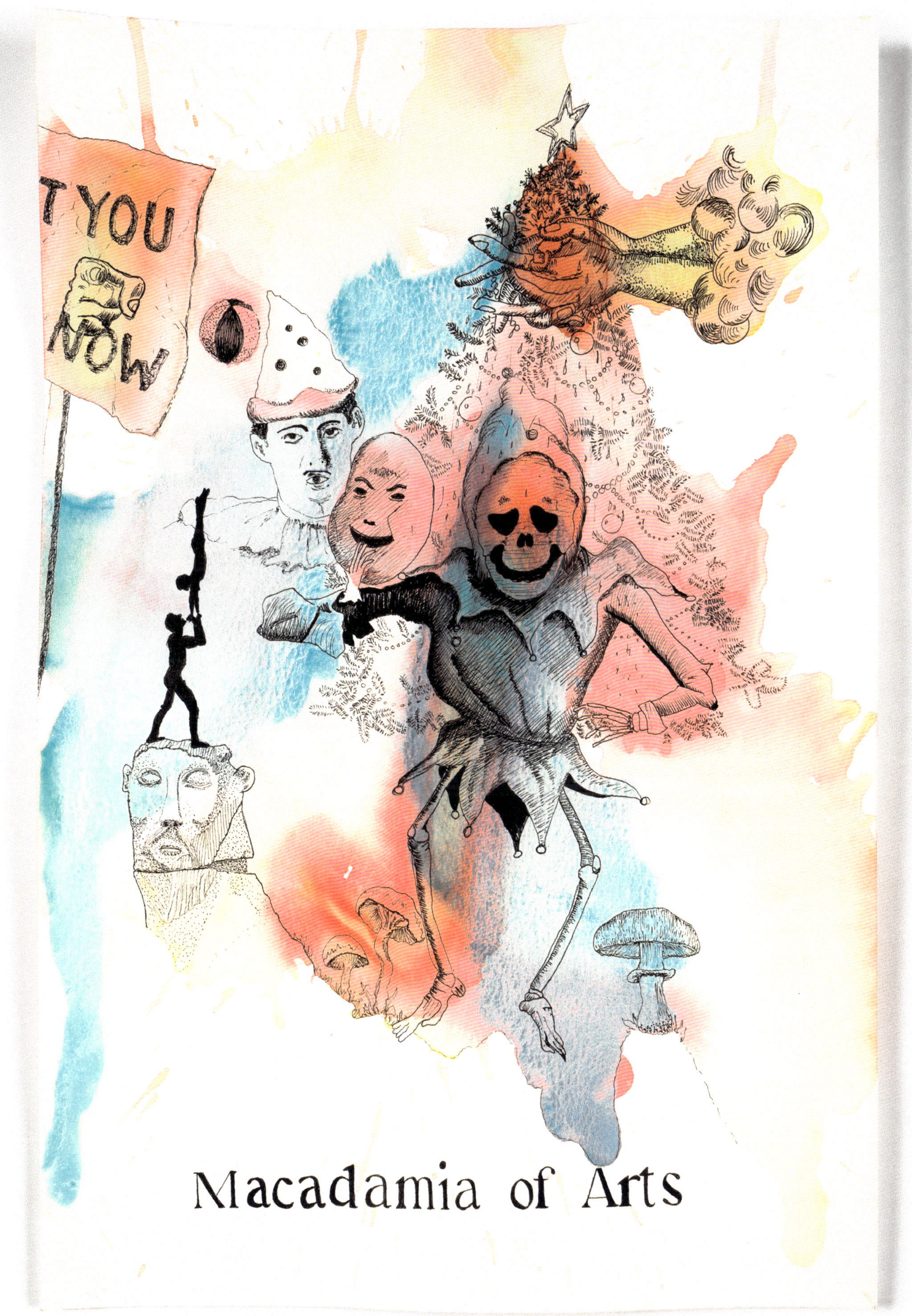

Macadamia of Arts

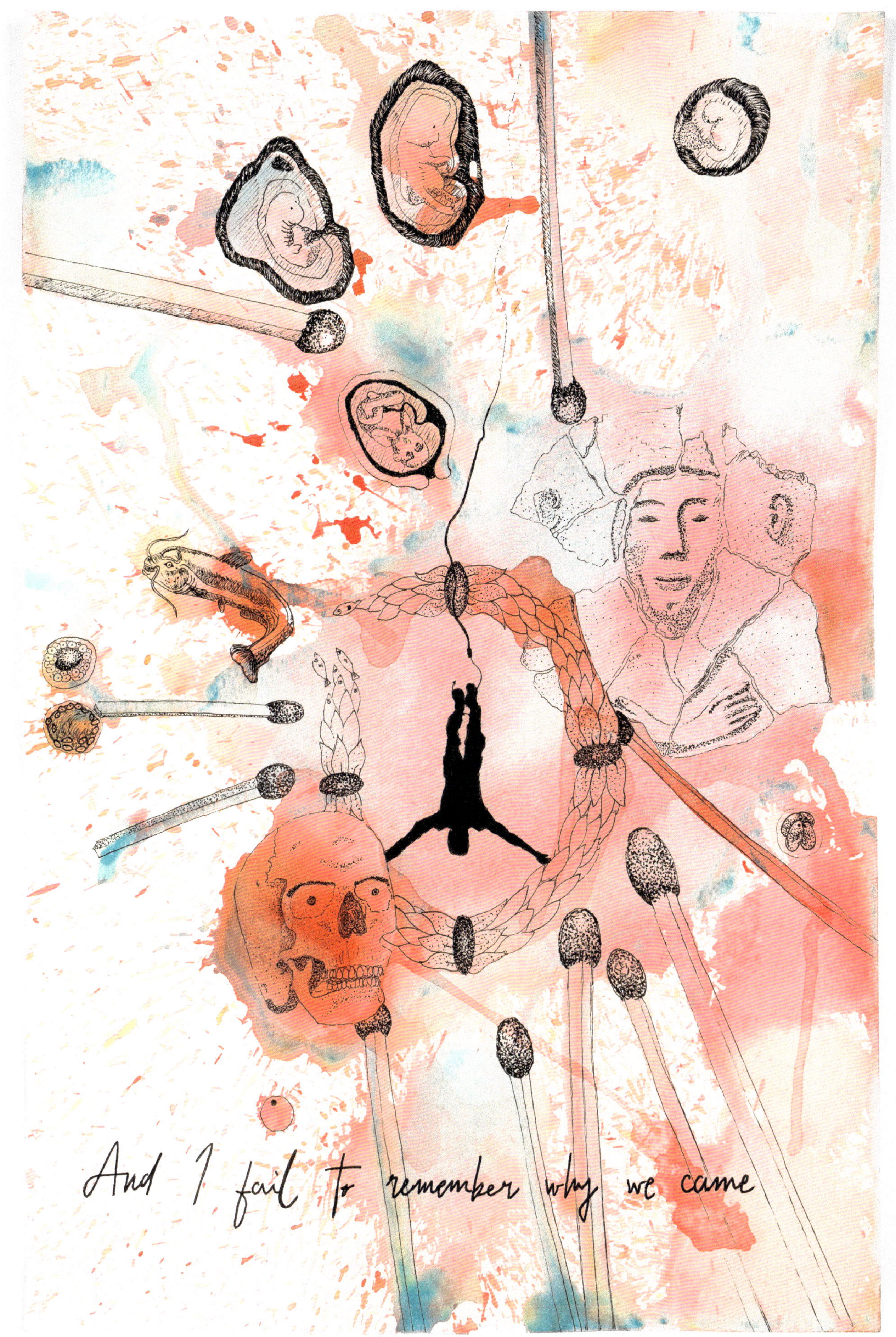
And I fail to remember why we came

Plates / Planches

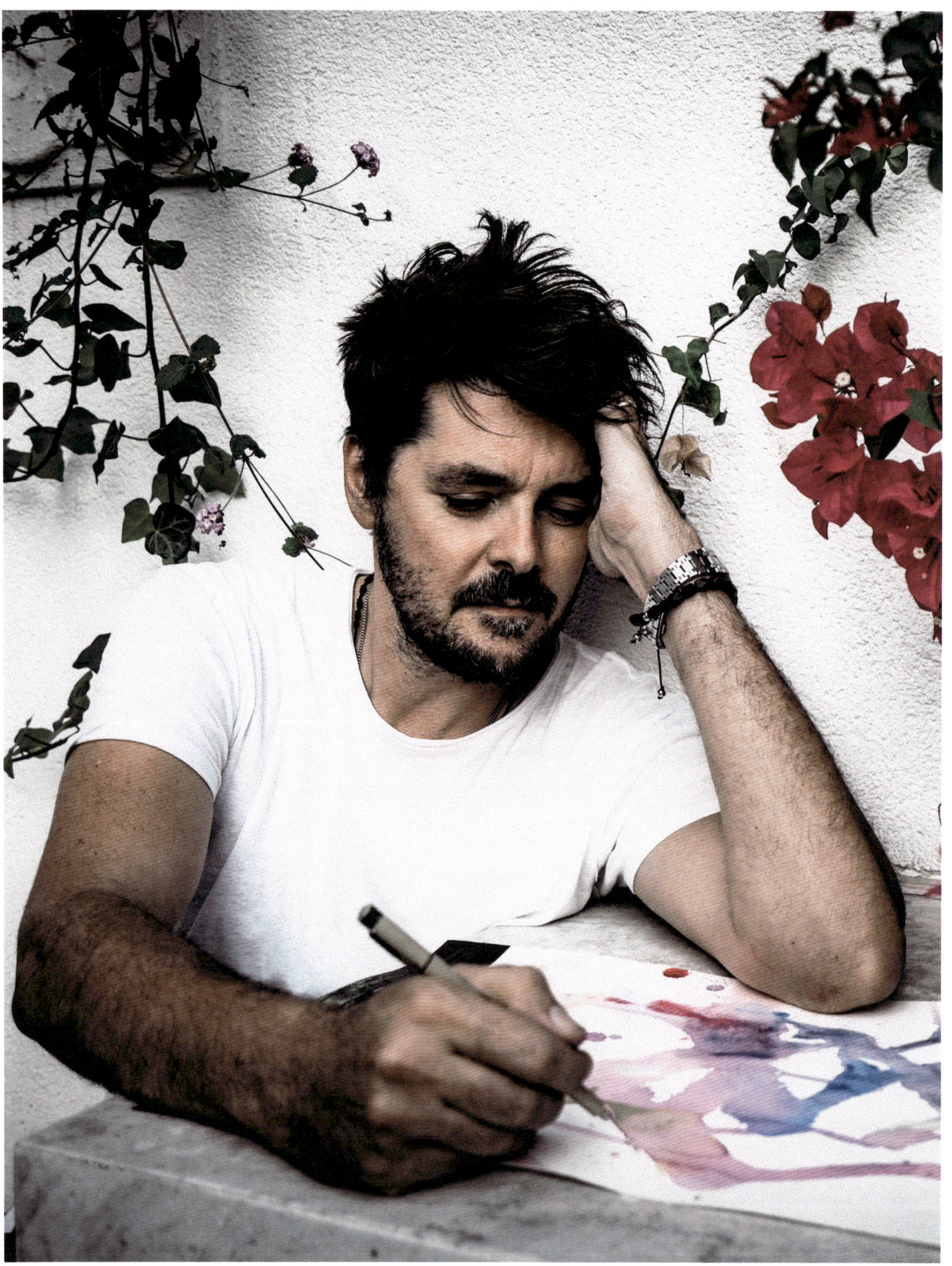

"**M**y creative vision arises from an ongoing dialogue between opposing forces: geometry and disruption, logic and chaos. This tension results in works that embrace the unexpected and the imperfect. With any medium, I seek to tame the glitches that I introduce in my algorithms, disrupting the predictable while containing unforeseen possibilities.*

Through the interplay between order and spontaneity, I ultimately intend to hypnotize, and give shape to the subconscious." - Sébastien Léon

Sébastien Léon is a French, Los Angeles-based artist, designer, musician, and creative director. Initially trained as a marketing executive in Milan, Madrid, and New York, Léon created his pioneering curatorial practice Formavision in 2003. Inhabiting the intersection of culture and commerce, he orchestrated global artistic platforms for brands such as Diesel, Coca-Cola, and Starbucks, involving eclectic artists such as Banksy, Jaime Hayon, and Jim Carroll and institutions including the Whitney Museum, the Palais de Tokyo, and the Dallas Symphony Orchestra.

After ten years of working with luminary collaborators, Léon's practice evolved into a multidisciplinary artistic atelier. Inspired by the model of the Italian Renaissance studio, Léon blurs the lines between fine art and design through his commissions: a monumental sonic sculpture for a high-rise building in Istanbul, a geodesic dome with immersive multichannel music for Audi in China, video art and paintings for Samsung televisions, a temporary restaurant for Krug Champagne and Alain Ducasse in Paris, bespoke glass sculptures, and elaborate designs for his award-winning furniture company Atelier d'Amis. In addition, Léon keeps a daily routine of drawings called Psychodessins.

Sébastien Léon is the author of "Remastered" (Gestalten) - a book inviting fifty-five artists to reinterpret the Masters of Western painting - and the composer/writer of solo record "Jeux d'Artifices" produced by James Truman. His profile has been published in the Wall Street Journal, the New York Times, IdN, Surface Magazine, ID, Corriere della Sera in Italy, and NHK in Japan. He is a 2019 FGI Rising Star Award recipient.

Léon received an MBA from SDA Bocconi in Milan.

"*Ma vision créative découle d'un dialogue constant entre des forces opposées : la géométrie et l'accident, la logique et le chaos. Cette tension se traduit par des oeuvres qui embrassent l'inattendu et l'imparfait. Quel que soit le médium, je cherche à dompter les erreurs que j'introduis dans mes algorithmes, perturbant le prévisible et contenant l'imprévu.*

À travers l'interaction entre l'ordre et la spontanéité, mon intention est d'hypnotiser et de donner forme à l'inconscient." *- Sébastien Léon*

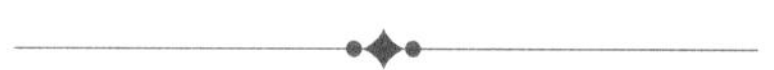

Sébastien Léon est un artiste, designer, musicien et directeur créatif français basé à Los Angeles. Initialement formé au marketing à Milan, Madrid et New York, Léon créé en 2003 Formavision, une des premieres agences de commissariat artistique pour des grandes marques. Travaillant à l'intersection des mondes de la culture et du commerce, il a orchestré des plateformes artistiques internationales pour Diesel, Coca-Cola et Starbucks, impliquant des artistes éclectiques tels que Banksy, Jaime Hayon et Jim Carroll, ainsi que des institutions telles que le Whitney Museum, le Palais de Tokyo et l'Orchestre symphonique de Dallas.

Après dix ans de projets avec des collaborateurs éminents, la pratique de Léon a évolué vers celle d'un atelier artistique multidisciplinaire. Inspiré par le modèle du studio de la Renaissance italienne, Léon brouille les frontières entre les beaux-arts et le design à travers ses commandes : une sculpture sonore monumentale pour un gratte-ciel à Istanbul, des dômes géodésiques pour concerts immersifs en Chine, des vidéo et des peintures pour les écrans de Samsung, le design d'un restaurant éphémère pour le champagne Krug et Alain Ducasse à Paris, des sculptures en verre soufflé, et du mobilier contemporain. De plus, Léon travaille quotidiennement sur ses Psychodessins.

Sébastien Léon est l'auteur de *Remastered* (Gestalten) - un livre invitant cinquante-cinq artistes à réinterpréter les maîtres de la peinture occidentale - et le compositeur/interprète de l'album solo *Jeux d'Artifices* produit par James Truman. Son profil a été publié dans le Wall Street Journal, le New York Times, IdN, Surface Magazine, ID, Corriere della Sera en Italie et NHK au Japon. Il est lauréat du prix FGI Rising Star en 2019.

Léon est titulaire d'un MBA de la SDA Bocconi à Milan.

"Polar Shift"
Sébastien Léon Agneessens
Los Angeles, November 2022
291

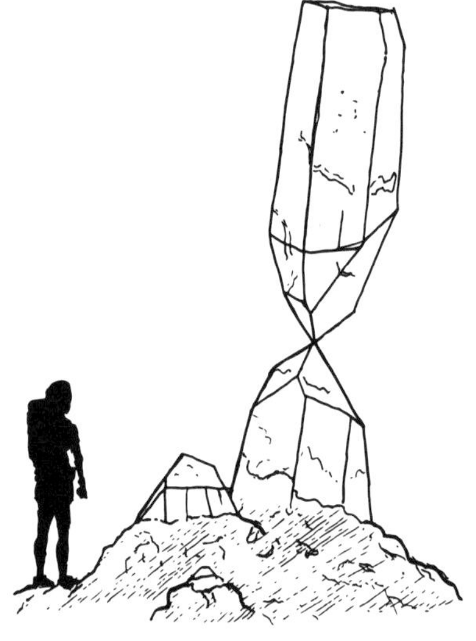

Acknowledgements

The artist would like to thank Eli Consilvio, Kevin Luna, René-Julien Praz, and Bruno Delavallade at Praz Delavallade for presenting his "Psychodessins".

He would like to extend a special thank you to Enrique Enrique for his interview, to D. Graham Burnett for his introduction, to J.C. Gabel at Hat & Beard Press for his close collaboration on this publication, and to Margot Ross for her guidance throughout the process.

He also wishes to thank Zoe Guttman, Jessica Gallucci, Luke Benge, Keri Elsmly, Justin Ware, Anastasia Blackman, Dusan Vuksanovic, Christophe and David Lanzenberg, Ronald and Amy Guttman, Josée Bienvenu, and Michael Steinberg for their unwavering help and support.

Finally, the artist would like to pay tribute to Alejandro Jodorowsky, David Lynch, Salvador Dali, Carl Jung, Jean Giraud, Victor Nieto, Robert Monroe, and Manley P. Hall for illuminating the power of the invisible and guiding his exploration of the subconscious.

Remerciements

L'artiste tient à remercier Eli Consilvio, Kevin Luna, René-Julien Praz et Bruno Delavallade de Praz Delavallade pour avoir présenté l'exposition "Psychodessins".

Il voudrait adresser ses remerciements particuliers à Enrique Enrique pour son entretien, à D. Graham Burnett pour son introduction, à J.C. Gabel de Hat & Beard Press pour son étroite collaboration sur cet ouvrage, ainsi qu' à Margot Ross pour ses conseils au cours du développement.

Il souhaite également exprimer sa gratitude envers Zoe Guttman, Jessica Gallucci, Luke Benge, Keri Elsmly, Justin Ware, Anastasia Blackman, Dusan Vuksanovic, Christophe et David Lanzenberg, Ronald et Amy Guttman, Josée Bienvenu et Michael Steinberg pour leur soutien sans faille.

Finalement, l'artiste voudrait rendre homage À Alejandro Jodorowsky, David Lynch, Salvador Dali, Carl Jung, Jean Giraud, Victor Nieto, Robert Monroe, et Manley P. Hall, pour leur mise en lumière du pouvoir de l'invisible et leur accompagnement dans son exploration de l'inconscient.

À Annie & For Amy

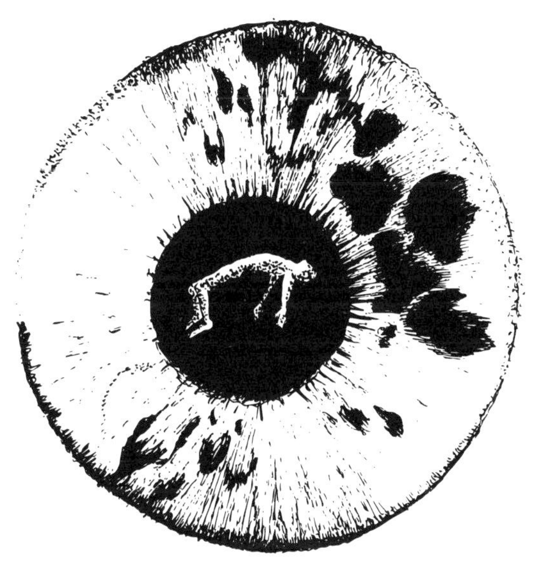

Gracias Madre

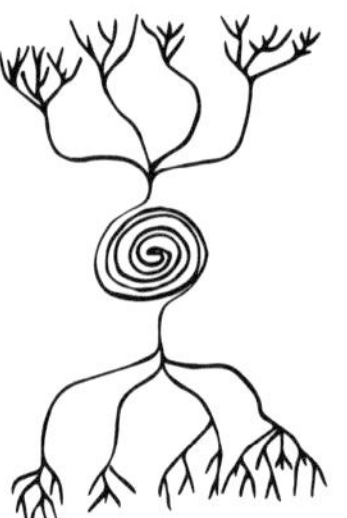

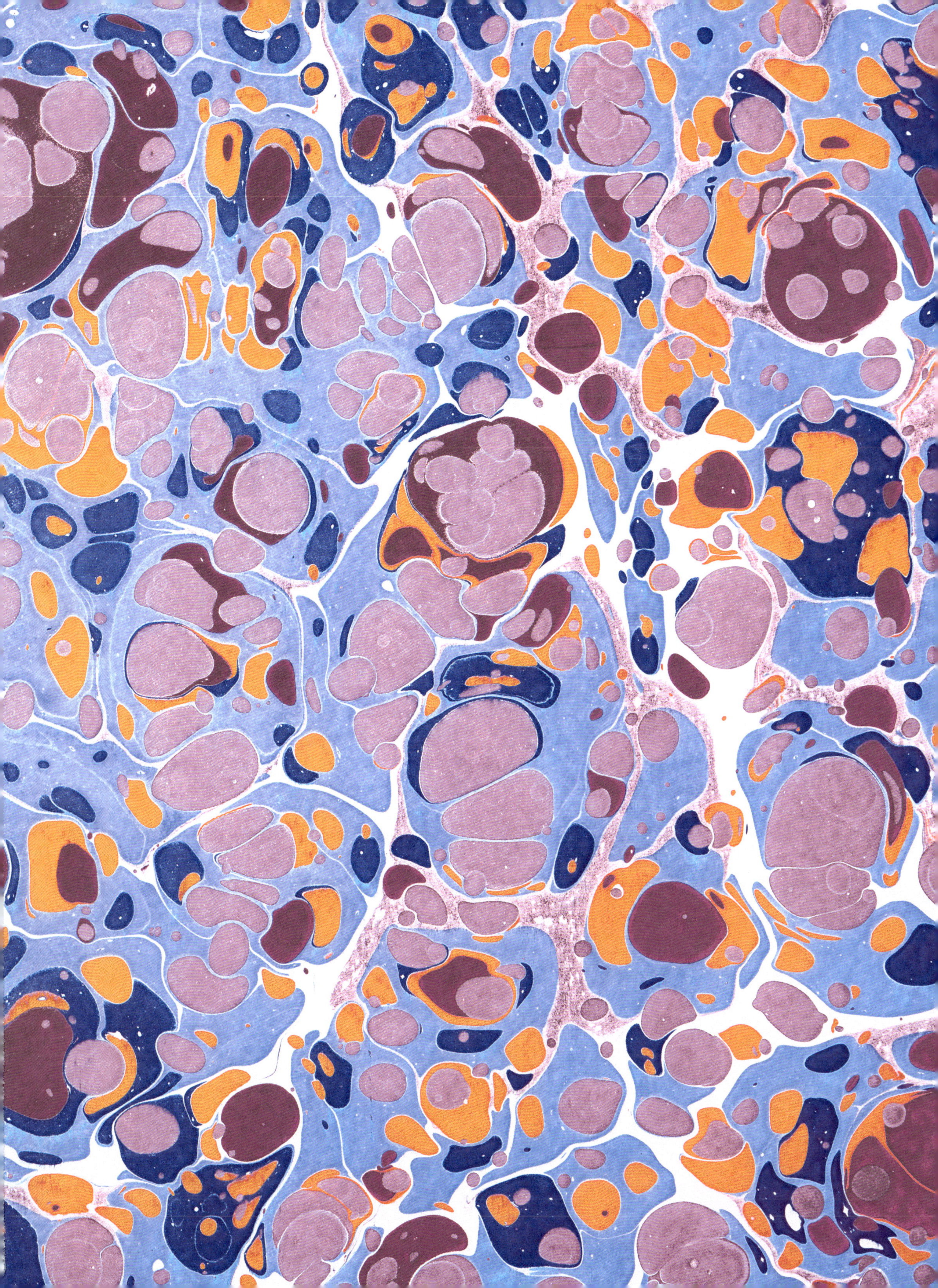

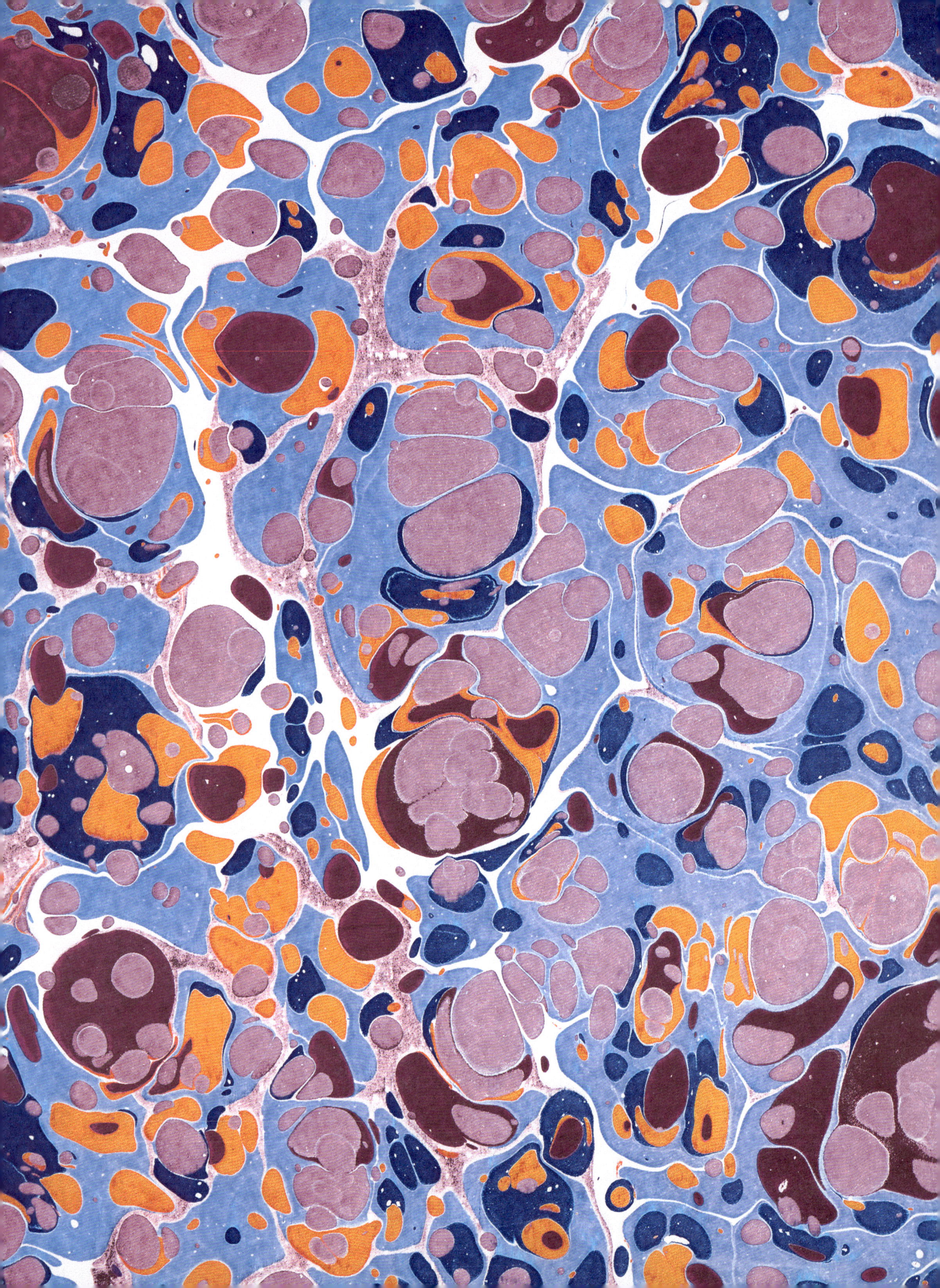